たくましく美しく生きる

自叙伝

辯護士　清水　直　著

銀行研修社

刊行にあたって

昭和三十七年四月、私は弁護士登録し、東京弁護士会に入会し、弁護士としての人生を歩み始めた。

今年（令和五年）には、早や、開業満六十一年に及び、歳も八十八歳（米寿）を迎え、今なお元気に弁護士業を続けられているのも、周りの人たちの変わらぬご支援あってのことであり、ただ、ただ感謝の気持ち一杯で過ごす今日この頃である。

そのようなところから、自分の人生を振り返り、自叙伝的なものでも著わして、お読みいただいた皆様の人生にいささかでもご参考になれば、と思い、つたない一文をしたためた。

今日、この六十一年を振り返ってみると、手懸けた事件の一つ一つに心に残る事柄が数え上げればきりが無い程、沢山あることに将に感慨深いものがある。そしてその案件毎に素晴らしい人との出逢いがあり、その人達のご協力、お力添えあって初めて仕事を成し得たことを知ると同時に幼少の頃より行く先々で良き先達に出逢えて今日の私があるのだと云うことを肌で感じ、将に「辻々に菩薩ありて」そのお導きで今日の私があるとの感慨一しきりである。

推薦の辞

この自叙伝は「座右の銘」として永く読み伝えたい実録である。読んでみなはれ、老いも若きもこの見事な生きざまを‼単なる自叙伝と思うなかれ、波乱万丈の人生ドラマそのものだ。

一．幼少の頃から多くの試練に立ち向かってきたが、持前の強靭な勇猛心でことごとく克服。凱旋の雄に乾杯したい。

一．仕事に、趣味に、遊びにそして恋に、すべてに嘘がない。純金の輝きは最大の魅力である。

一．端倪すべからざる人物のかくも天晴れな一端を垣間見ることができて感嘆、これを久しゅうした。

天性の能力に加え、学生時代のアルバイトの苦労も総て肥やしとする一方、寸暇を惜しんで刻苦勉励をし、生活もエンジョイして、挙句の果て、中央大学法学部を首席で卒業という正しく空前絶後、誰一人として真似の出来ない宇宙人である。

本業にあっての快刀乱麻、獅子奮迅の働きは著書論文でも知るところだが、ここでは隠れたエピソードも知ることができ「すべての人を救う」という基本理念もうかがうことができる。
優れた想像力、逞しい意思、炎える情熱…将に「青春」の一説に重ねたいほどの人生行路である。

オイレス工業株式会社
元・代表取締役　社長・会長
江草　利幸

目次

第二節　小学校低学年時代（昭和十六年四月〜十九年三月）……31

第五節　第一次浪人時代（人生最大の試練の時）

第一節　幼き頃

一、この世に生を得て（昭和九年十一月十三日〜）

私は、昭和九年（一九三四年）十一月十三日、横浜市中区堀之内にて、父・繁一、母・ミドリの二男（第四子）として出生した。

その後、中区鷺山に転居。横浜市電の車庫のある「麦田」の停留所から坂道を暫くのぼってわが家にたどりつく、そんな所だった。門には鈴がつけられていて門をあける度にチリン、チリンと鳴るのが印象的だった。

家の前には一段下がってややくぼ地気味の広い原っぱがあった。根岸の競馬場が近くにあり、外人の住居が近くに多くあった。子供達は、外人さんを物珍しげに見ながら、よく、「外人さん、外人さん、玉々おくれ」等と声をかけていた。

隣家は農家で、つつましやかに暮らしている感じだったが、正月が近くなると、隣家からペッタンコ、ペッタンコと餅をつく音が聞こえて来たものだ。わが家の洋風で、どちらかというとハイカラな暮らし方と隣の農家のつつましやかな暮し方とは、対照的で、子供心にも「色々な家庭があるもんだな」との感を禁じ得なかった。

横浜での家庭生活は概して解放的で、明るく、屈託のない雰囲気だった。

それは母がお茶目であったからかもしれない。

父が日本郵船に勤務していた関係もあり、万事、洋風の生活で、父が刺身を食べないので、私も今もって刺身は苦手である。従ってわが家での食べ物の主役は「ステーキ」「カツレツ」「ハム」「ベーコン」「ソーセージ」「チーズ」等々であった。

クリスマスパーティーを開くときは絹製の万国旗を部屋中一杯につるし下げて飾り付け、また、二月の節分の時は、「鬼は外」「福は内」と豆まきをした後、八畳の和室で、置物を片づけてすっきりと広くし、電気を消して暗くし、母が豆まき風に「お菓子まき」をし、子供達が夫々にザルをかかえて真っ暗な中で拾いまくり、拾った後は夫々の拾ったものの中から「物々交換」をする光景が常であった。お手伝いさんも加わることがあったが、和服の長い袖でお菓子をかっさらうように集めてとるのを見て子供達が「ズルイヨ、ズルイヨ」と指さしたのが記憶に残っている。

このお菓子まきの遊びは後年、子や孫に引き継がれて、今もって夫々の家庭で楽しげに行われている。

母がオルガンを弾き、子供達が合唱するといった光景もしばしばであった。満州事変、支那事変（日中戦争）と戦争が相次いでいた頃のことであったから、母はオルガンで軍歌を弾き、

ああ　あの顔で　あの声で
手柄頼むと妻や子が
ちぎれる程に　振った旗
遠い雲間に　また浮かぶ…

と私達は合唱した。

この歌は軍歌とは言え、どこか悲し気でもあり、ある意味では兵隊達の家族を思うノスタルジアとも言える歌であった。

二、幼稚園時代（横浜鷺山時代）（昭和十三年四月〜十六年三月）

①太平洋戦争前の旧き良き時代の吾が家の状況

父は欧州航路の船に乗っていたので約六カ月間、家を留守にした後帰国すると、休暇が一カ月近くある、というサイクルの生活の仕方だった。

父が帰国するときは、当時の日本では仲々入手できないようなチョコレート、バナナ等のお土産をどっさりタクシーに積んで持って帰って来て、三、四日はわが家で連日ドンチャン騒ぎの宴会が続き、その後、箱根・熱海の温泉街へ家族総出で行き、ここでも賑やかに宴会をやると云う具合であった。

往復は列車で、特急「つばめ」号に乗り、展望車からの景色は、子供心にも鮮明に写り、忘れられない光景であった。

当時は蒸気機関車なので列車が入って来る時は物凄い音をたててシュッ、シュッ、シュッ、シュッと、ばく進して来るのがこわく、母の袂にしがみついて隠れながら、こわいもの見たさにチラッチラッと機関車をのぞいて見ていた記憶がある。

熱海の旅館の朝食に出た味噌汁の味が、吾が家で毎朝出る味噌汁とは殊の外違う感じでおいしかったので「おかわり!!」を注文したら、姉が、「あら、この子、味噌汁も食べられるんだわ。いつもは、めったに口にしないのに…」とやや不思議そうに私の顔を眺めていたのを覚えている。

私は子供の中でも一番好き、嫌いの激しい子だった。トマト、きゅうり、ねぎ、生物の魚介類は一切口にせず、わずかに鮭の切り身とタラコのいずれも焼いたものを好む程度で、食べられるものはじゃが芋、さつま芋等の芋類と豆類、玉子、牛肉、ハム、ベーコン、チーズ等々であった。

皮膚は弱く、四六時中かきむしって「おでき」だらけで、包帯グルグル巻きの腕や足であった。

腸が弱く、下痢もよくした。

兄・私・弟の男の子三人が各二才違いで、仲良く遊んでいるかと思えば物の取りっくらをしたりしてケンカは絶えず、そんな中でも私は幼少の頃から口が達者で、ケンカの種をまいていたようである。

②ひ弱で頭でっかちの少年

私は、一才から二才にかけての一年間肺炎で寝込んでいたとのことで、当時、一等看護婦が毎日来て看護に当たっていた由。

六畳の部屋に目張りをして外気が入らないようにし、かつ、お湯を沸かして、湯気を常に充満させ、部屋の湿度を保ったとのこと。

よちよち歩きをしていたのに、病気が治って、再び歩こうとしても歩けなかった由で、床上げをしたら、畳が腐っていた、とのことであった。

幼少にもかかわらず医者通いにも、慣れっこになっていて、注射を痛がったり、こわがったりせず、薬も自分でせっせと服用していたようで、幼稚園生の年長の頃には一人で医院へ歩いて行き、注射をしてもらって帰って来ることができる程、医者通いに慣れっ子になっている変わった幼児だったようだ。

四六時中、兄弟で中耳炎を患い、桜木町と馬車道の中間にある耳鼻科の野崎医院に一人でよく通っていた。

父は後年、「航海して帰ってくるたびに子供のうちの誰かが病気していた」と、述懐していた。医療が充分でない時代、しかも、父親が外国に行き、傍にいないので母は男親のいない中で私達の子育ては大変だっただろう。

③幼稚園大好き

わが家から一軒おいて隣の幼稚園へは、まだ入園していない幼少の時から毎日遊びに行っていた。可愛い女の子がいたので、それに会いたくて行っていたのかもしれない。月野先生というやさしい母親タイプの丸顔の先生が、私をよく可愛がってくれた。この幼稚園で習った唄は今でもはっきりと口ずさめる程だ。

母《はは》のやあさしいあーたたあかな

胸に抱かれスクスクと
伸―びた手と足この体
あゝお陽様、お月様
私たちの命です

この唄を唄い、胸に手をあてて首をかしげて「はい」おしまいだった。
とは云うものの、この幼稚園では、軍国主義の時代であったので、幼き子供達は毎日「教育勅語」を唱えさせられた。幼稚園生に教育勅語の意味等全く理解できないにもかかわらず、毎日、園児は、合唱のように教育勅語を唱えさせられた。

「朕思うに、我が皇祖皇宗国を始むること広遠に……」

園児達は、なにやら意味のわからないこの言葉を園長先生について皆と一緒に目をつぶって唱えてくのであった。唱えている途中でもういい加減イヤになってきたので、そろーっと薄く目をあけてみると、丸く輪に並べた小さな椅子の上に、白いエプロンをかけた園長先生が神妙な顔つきで手をあわせて坐っている。

私は、皆が神妙な顔つきをして坐っているのを見れば見る程おかしくなって来て、おかしさはおさえきれなくなってきてしまい、突然「プーッ」と吹き出してしまった。その途端に園長先生の組んだ手のひらの間にはさんであった三尺の長い物差しが私の頭の上に落ちて来た。ゴツンと鈍い音がしたかと思うと、痛さがジーンと目頭の方へ伝わって来て、涙がたまった。

「〜〜御名御璽!!」「ああ、やっと終わった」と「ほう」としたものだ。

幼稚園での色々なことの中でこの勅語を唱える時間くらい退屈きわまりない時間はなかった。何の意味だかさっぱり判らない文句を三十分ばかりじっと目をつむって唱えることは五歳そこその子供にとっては耐えがたい苦行に違いなかった。

チンチンチンチン、月野先生が鳴らすトライアングルの音と共に子供達は一斉におもてへ駆けだして行った。

私も先程、園長先生の物指が頭の上に落ちてきたことなどすっかり忘れて仲良しブランコの方へ行った。一人乗りのブランコは順番を待つのが嫌だったし、それに私の家には幼稚園のよりもずっとよいブランコがあった。「それに僕の好きな斉藤先生とも一緒に遊べるんだもの…」と小さな頭の中で私は一生懸命計算していた。そういった私の勘定高い性質は後に青年時代に極端なまでに合理主義に走る源となった。

「ただいま。お母ちゃん、あのね、明日は八日だから皆十銭持っていくんだって。お弁当はいらないの」「そうかい…」奥の方で母の眠たげな声がした。その声が私の耳に入るまでもなく、私は、持ち物を投げ出すが早いか駆け出していた。家の前には一段低くなって相当に広い原っぱがあり、その向こうの家の屋根越しには、横浜の港が見える。私は門の石段の所に立っていつも遠くを見つめた。

白い大きな船がゆっくりと黒い煙を出しながら入ってくるところだった。その時、「ああ、そうだ。

今日はお父さんが帰ってくる日だった」と思いついた。道理で今朝から自分の気持ちが弾んでいるのだなと分かった。私の父は日本郵船の欧州航路の船の司厨長なのでたまに家に帰ってきてもお客様が多く、子供と一日を過ごすなどということはなかった。それだけに父に対する愛情は割合薄かった。私にとっては父よりも、時おりやって来る薬売りのおじいさんか、傘直しのおっさんの方がはるかに親しみやすい存在であった。それでも、バナナやウイスキー入りの上等のチョコレートその他洋菓子をどっさり父が持って帰って来るにはそれなりに期待が持てるのだった。

勢いよく門の戸を開けるなり「お母ちゃん、今日、お父ちゃん帰って来る日だろう。桶舎《おけしゃ》さんの小母ちゃん知ってるかな。」「知ってらっしゃるよ…」「僕、小母ちゃんに知らせて来てあげるよ」「そうね…」何を聞いてもねむたげな返事なのだ。私は拍子抜けしてしまった。お母ちゃんはお父ちゃんが帰ってくるのに嬉しくないのかな、と思ったりした。

母は「でもあなた一人で行けるの。あぶないからおよしなさい」と言ったが、私は「一人でいけるさ」と言いながら、又勢いよく門の戸を閉めて前の坂道を走って行った。後ろでは門の鈴が精一杯の音を出してチリンチリンと鳴っていた。

私はこの坂道が大好きだった。大きな木がうっそうと茂っていて、その下の道はいつも少ししめっていた。このしめりけと、その道を通る時ひんやりとした冷気がいかにもアイスクリームを想い出させて気持ちのよいものだった。

この幼稚園では毎週土曜日の夜には、荒木又右衛門の話を講談風に面白く話す人がいて、娯楽の少なかった時代なので、老若男女たくさんの人が集まり、皆楽しげに聴いて帰っていた。

④母とデパートへ

母と伊勢崎町のデパート「野澤屋」にしばしば行った。ワクワクしながらついて行ったのには訳があった。それはホットケーキやアイスクリーム、ウエハースを食べられるのが楽しみだったからだ。行く途中に緑豊かな横浜公園があり、そこを市電がカーヴして行くと「馬車道」があり、そこから伊勢崎町の商店街へ行っていた。何回か行くうちにある時は迷い子になり、母を捜して泣きながら歩いているうちに、デパートの女店員に保護され、泣きじゃくる私を何かとあやしてくれた。そのうちに母が現われ、また一段と大声で泣いてしまったものだ。

⑤桶舎さんご一家との交流

父の勤務先である日本郵船での友人で「桶舎さん」という方がいたが、この方は不幸にして若くして亡くなられ、父や母はその遺族の人達の面倒をよくみていた。

桶舎さんの小母さんは、お相撲さんにも負けないくらい、それはそれは、でっぷりと太った小母さんで、でっかいお腹をつき出して、わが家に毎日のように来て母の家事の手伝いをしていたが、洗濯したあとの白いシーツのしわをのばすために、シーツの両端を二人で持って、左右交互に引っ張ったり、二人で両端をしっかり握ってうーんと引きのばしたりしていたが、子供の私にもわざと手伝わせて太っちょの桶舎さんの小母さんがシーツで私をいとも簡単に引っ張り寄せて、ケラケラと笑っていたのが印象的だった。

桶舎さんの家には「はまちゃん」「ひでちゃん」という二人のお姉さんと典男《ふみお》ちゃんという姉達と同い年ぐらいの弟さんがいた。私達はそのうちの「ひで子さん」と「典男ちゃん」にはよく遊んでもらった。

その典男ちゃんに後年、私が少なからずお世話になろうとは、本当に奇しきご縁、否「一期一会」の心温まる佳きご縁であったなとしみじみ思う昨今である。

⑥道子さんのこと

母の実家は「実谷《じつたに》」の姓で屋号は「実谷《さねや》」で、古くは、庄屋筋で良い家柄であったとかで、しかし、明治以降、没落したようであった。母は七人兄弟の末娘であった。その実谷家の長男（母の長兄）「周之助」さんは、腕のいい板前で、広島市内で飲食店を経営していた。そして、周之助さんの長女「道子」（私達のいとこ）は、娘時代にその店の手伝いをしていたが、そこへ、後年結婚することになった軍医で将校の浅沼周成さんがしばしば飲食をしに来るうちに「周成」さんと「道子」さんは恋仲となり、二人は結婚することを誓い合った。

しかし、当時の習わしとして、将校の軍人の処に水商売の手伝いをしている女性を嫁がせることについては、とかく批判もあり、おいそれと結婚する訳には行かなかった。

その状況を知って、母は父と相談し、「道子」さんを清水家の養女にすれば、日本郵船の豪華客船の司厨長をしていた父の肩書から、軍人の処に嫁がせるにふさわしいとの結論に達し、「道子」さんは清水家の養女となり、母の下で花嫁修業をするところとなった。かくて、「道子」さんは、広島からはるばる横浜の吾が家へ来たのであった。

ところが、「道子」さんは自由奔放で、あっけらかんとして、浅沼さんと結婚することになっているのに、わが家に時折、出入りしていた慶応ボーイの「三郎」さんに一目ぼれをしてみたりで、母は「道子」さんの花嫁修業の指導には大分手こずっているようだった。

朝寝坊で、皆が起きて朝御飯を食べている頃でも「ぐうぐう」いびきをかいて寝ていた。母が私に「起こして来なさい」と言うので起こしに行っても、声をかけたぐらいでは何の反応も示さないので、私は背中をゆすったりもしたが一向に起きない。そこで鼻をつまもうとしても脂性の道子さんの鼻はつるりつるりと滑って掴めないので、私は両手で「えいーっ」と鼻をはさんでやると、道子さんは「何するのよ！」と言いながら、ようやく起きてくる始末だった。

とは言え、道子さんと浅沼周成さんはめでたく結婚し、五人の娘が産まれ、終戦後、会津若松市郊外の湯川村笈川にて家畜医院を開き、当初は馬を扱い、その後は犬・猫を扱う獣医として成功して隆盛を極め、父は晩年、しばしば会津を訪ね、浅沼家の人々に丁重にもてなされて嬉しそうであった。浅沼さんとしては、道子さんとの結婚や、浅沼家の幸せが父や母のお蔭と本当に恩義を感じて下さった上でのありがたいことで、大学生時代私自身も大変なおもてなしをいただいて今日に至っている。

その浅沼さん夫婦も今はこの世に居なくなり一抹の淋しさを覚える昨今である。

⑦教育ママゴンのような二人の姉

㋑三人の弟の上に君臨する二人の姉

エリート意識のかたまりのような二人の姉達の下で、兄・克己《カツミ》、私・直《タダシ》、弟・敬《タカシ》の三人の男の子は、やゝ萎縮気味であった。

姉達は師範学校（後の横浜国立大学）の附属の小学校に入ったことを自慢げにひけらかし、兄・克己もこの附属小学校に合格して入学するや、姉二人のシゴキが私に降りかかって来た。来年入学する予定の二男の私が附属の入試に落ちたら清水家の沽券に関わるとでも言いたげで、以前に父の友人で故人となった方の長男か、二男の息子さんかが附属小学校の入試でスべった（不合格）ことをさかんに私に吹き込み、行儀・作法・口の聞き方まで細かく教えられた。

㋺「厳しすぎる口頭試問」

そのため、幼稚園生の私は姉二人によって口頭試問の練習を何回もやらされた。

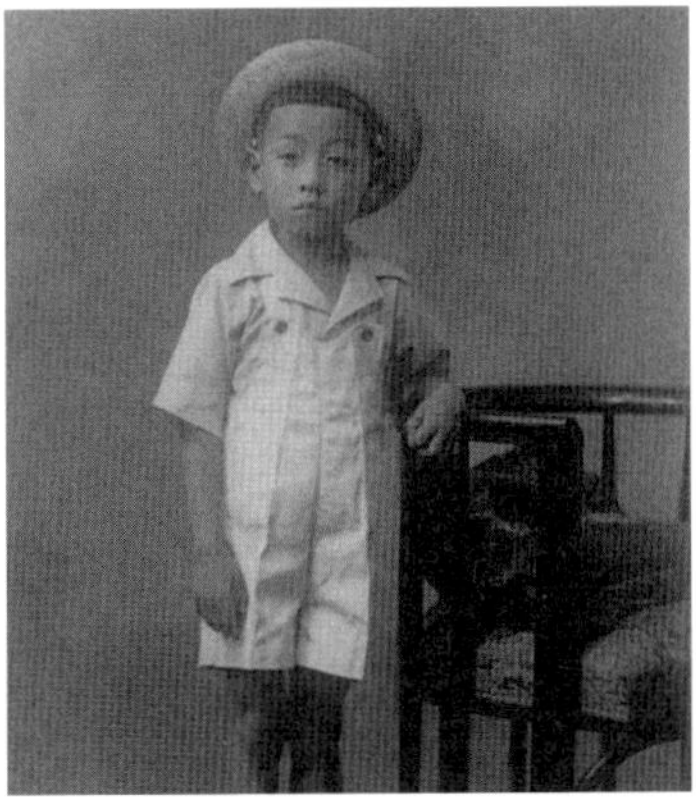

昭和15年　6才頃

姉が八畳の部屋の真ん中の椅子に腰掛けていて私がふすまを開けて入って来るのをじっと見守っていて私がサッとふすまを開けて入っていくや、すぐそこからやり直し。

「ふすまは腰を降ろして両手でそっと開けて、うしろ手で閉めるようなことをしてはいけませんよ。きちんと後を見て両手でゆっくりと閉めてから、お部屋の中に入ること!!」

そして、椅子にサッと座ると、また、注意、「ダメ!!口頭試問の先生の机の前まで来たら、そっと立って静かにおじぎをすること」

「それから『お座りなさい』と言われてから座るんですよ」

これを何回か練習させられた後、椅子にやっと座ると、姉から質問、「あなたのお名前は?」私は即座に「タァーちゃん」と答えた。(私は日頃いつも「タァーちゃん」と呼ばれていた)

姉は「違うでしょう?あなたの名前は『タァーちゃん!』「タァーちゃん」ではないでしょう?」

「では、あなたのお名前は?」「タァーちゃん」「しょうがないわね、あなたの名前がもし『タァーちゃん』だったら、あなたを今後呼ぶ時は『タァーちゃん　ちゃん』、って呼ばなければならなくなるわよ」

「ちがうよ。僕は『タァーちゃん』で『タァーちゃん　ちゃん』、でなんかないよ」と抗議した。

「でも『あなたのお名前は?』ってたずねたら、あなたは『タァーちゃん』て答えるから、あなたの名前が『タァーちゃん』なら『タァーちゃん　ちゃん』って声をかけなければならないでしょう?」

「何で『タァーちゃん　ちゃん』」になるの?。僕は『タァーちゃん』だよ」

姉は私に「しみず　ただし　です」と言わせたかったのだろうが、この論理・理屈は五才の私には理解しがたく、かなり大きくなるまでタァちゃんちゃんちゃん論争が続き、それは、いわば姉のいたずらっぽいいじめだったのかもしれない。

㈧野崎参りの踊り（大阪寝屋川沿いにある野崎観音様へ水路でお参りに行く様子の踊り）

道子さんは、私に女の子の着物を着せて『野崎参り』の歌を唄いながら、私に踊りを教えた。

野崎参ーりぃーはー、
屋形船で参ーろう、
どこを向いても菜の花盛り
粋な日傘、蝶々がとまる
ちょいと呼んで見ようかー
土手の人—、「チャン、チャヤ、チャン、チャン」「チャン、チャヤチャヤチャヤ」「チャヤ、チャヤ、チャヤ、チャヤ、チャヤ、チャヤ、チャンー」

最初はお参りなので両手を拝むようにして胸にあて、次に屋形船を棒で押す仕草をして、再びお参りの仕草となり、その次は右手、左手をかざしながら左右の土手を眺めるように首を振り、次いで傘を肩にかついでまわす仕草をし、次に人を手招きして呼ぶ仕草をし、最後にまた船を棒で押すふりをして行ってオワリである。

いわば三人の姉達に私は体よく、おもちゃのようにされていたと言えなくもない。

しかし、ある意味では、太平洋戦争の勃発する前のまだのどかな雰囲気の残っていた頃の、家庭風景とでも言えようか。

（注）「野崎観音」…大阪の野崎にある慈眼寺という曹洞宗のお寺。一条天皇の時代に江口の遊女が再建したと伝えられ、商人の信仰を集める。
「野崎参り」…野崎観音に参詣すること。江戸時代に隆盛。五月（陰暦四月）一日〜十日に無縁経を修する法会があり、陸路で向かう参詣者と水路で向かう参詣者とが悪口を応酬し合う奇習でも有名。（野崎参りの屋形船）

⑧木登り少年探偵団

二番目の姉は活発に動き回り、頭の回転も良くおてんば娘よろしく、弟三人を指導して庭の木登りをしたり、鬼ごっこ、隠れん坊等をキャアキャア言いながら賑やかに遊んだものだ。

第二節　小学校低学年時代
（昭和十六年四月〜十九年三月）

一、小学校一〜二年生の頃（吹田時代）

①横浜から大阪府吹田市へ

昭和十五年秋、父の仕事が欧州航路から中国の青島航路に変わり、勤務地の関係もあり、私達一家は横浜から大阪府吹田市へ引っ越すことになった。

引越し荷物が馬車に積まれて何日もかかってようやく到着したのが印象的だった。それと同時に、私としては前述のように師範学校の附属小学校への入学試験準備のため姉達のしごきを受けていたのがその必要性もなくなり、子供心にも「やったア」と少なからず「ホッ」と安堵の胸をなでおろしたものである。

②吹田第三小学校一、二年生の頃

新しい住居は、吹田市内の「相川南通り」と云う所で、「新京阪」の電車で大阪の天神橋六丁目駅から五つ目位の「相川」と云う駅で下車した。

相川からは、かなり歩いて吾が家に至るのであるが郊外の新興住宅地と云うやや物静かな赴きの所であった。

近所の学校は余り評判が良くなかったので、知り合いの人の住所に寄留させてもらい、相川から小一時間も歩いて吹田第三小学校に通わせてもらうことになった。

受持の先生は、「安間先生」と言い、元々はお坊さんとかで、厳しいけれど優しさもある人柄だった。

柔道の先生でもあり、人間味のある人で、六年生を厳しく叱っているところを見たりすると高学年には厳しく、低学年には優しくと云う指導をして居られたのかなと今にして思うところである。

一年生の夏休みには両親の郷里であり、祖母のいる広島県安芸郡下蒲刈島村三之瀬の島へ遊びに行った。父方の祖母「セイ」はどちらかと云うとややしつけの厳しいタイプの人で、母方の祖母「イツ」はやさしいタイプの人であったが、どちらの祖母からも孫である私達兄弟は可愛がってもらった。

下蒲刈島は瀬戸内海にある一離島であるが、潮の流れが速いので海水はすこぶるきれいで毎日、海水浴をしたり、舟遊びをしたり、の楽しい時間を過ごしていた。

何十年もたった今日、私の手許に母からのカタカナで書かれた私宛の手紙がある。

当時は小学一年生で「カタカナ」を習い、二年生で「ひらがな」を習うことになっていたので、母はカタカナで次のような手紙をくれた。（原文のまま）

「直君《クン》オゲンキデスカ、オカアサンハ、シンパイシテ井マス。ケイチャンハ　タダシニイサンガ六ツネタラカヘルトイッテ　タノシミニ、マッテイマス

ミヤジマニ　マイリタソウデスネ　ミヤジマノエヲ　カイテ　オカアサンニ　ミセテ　クダサイ

二十三日ニハ　ガッコウニ　ユク日デス　ソノ日ニ　エニッキヲ　モッテ　ユクノデス　ニッキ

モ　キレイニ　マイニチカヒテ　井マスカ
直クンハ　ボンヲドリヲ　ハジメテ　ミルデセウ　直クンモ　オドリナサイ。三ノセニ　カヘリテ　オモシロイコトバカリデ　ウレシイデセウ　ウミニユキテ　ダイブン　クロク　ナッタデセウ
アツイトキデスカラ、アイスケーキヲ　タベテハイケマセン。オモシロイ　テガミヲ　クダサイ
母より
タダシサン」

胃腸が弱く、四六時中下痢をしていた私に殊のほか気をくだいていたのであろう。

この手紙をよく何十年も保管していたものであるが、私としては母の心温まる自愛に溢れた手紙を大切にしていたものと思われる。

一年の終わりに通信簿をもらう時、安間先生は、いたずらっぽい目をしながら、「この賞状と賞品は今日お行儀の良かった人にあげようかな」と茶目っ気たっぷりにおっしゃっていたが、まさか私がもらえるとは思ってもいなかったのでびっくりした。私が優等生として船出した最初の一年生のことであった。

喜んで帰り、母にいただいた物を見せて喜んでもらった。

③苦手の図工

二年ではずっこけてしまい、工作では一番ビリの「可」をもらった程だった。

元々、図工は苦手で、図工の宿題が出されると昭美姉に作ってもらって何とか提出してホッとする始末であった。

④**母の居眠り**

父兄会があると、母は講堂で話を三分も聴かないうちにコクリ、コクリと居眠りをし始め、挙句の果ては大きな口を開けて上を向いてイビキをかき始めてびっくり、私が母をつつきながら、「お母さん」「お母さん」「みっともないよ」と起こそうとしても「ウン」「ウン」と云うだけでやっぱりコクリ、コクリ、父兄会の初めから終わりまで居眠りをしていた。

昼間家事をした上、夜なべをして、子供達の靴下の穴かがりをし、木の型に靴下の底をあてて毛糸でつづっていた。

これをやりながらもよく居眠りをしていた。

ツネコ姉も昭美姉も、浅沼道子さんも吾が家の女連中は、母を初め、みんなウタタ寝の御常連だった。

⑤**回り道**

登校の道の途中にしばしば放し飼いの犬のいるのがこわくて遠回りしたことも何度もあった。道行く人に助けられたこともあった。犬を放し飼いする人を憎いと思ったぐらいである。

⑥習字の習い事

週一回、学校からの帰路の途中、お習字の先生の所に通わされた。嫌々ながら兄と二人で通ったものだ。

何枚か自習した後、三枚程清書して提出すると、和服を着て端正に座っている師匠が朱筆で見事に手を入れ、良い所には○印をつけてくれたりした。

点数はいつも四十点代か五十点代で六十点代にはなかなかいかなかった。

この習字は子供の頃は嫌だったが、この時期に「トン、シュー、トン」と運筆の基本を指導されたのが、私のその後の字の書き方に大きく影響し、後年、自分の子や孫の習字の指導に役立った。

また、自分なりの字体のできあがる礎ともなった。

筆の入り方は「トン」続けて「シュー」と運び、最後にぐっと力を入れて、「トン」で、その後抜くのであった。

習字、そろばん、ピアノのおけいこ等々、誰しも親の命令で嫌々ながら行くものだがそれが大人になってみると心・技・体の面で、習い事の色んな意味での大切さが身にしみて分かってくるものである。

⑦オルガン演奏

吾が家には当時の家庭には珍しく、オルガンがあり、母は時々子供達を集めてオルガンを弾き、みんなで合唱したりした。軍国主義が叫ばれていた時代なので、母はしばしば軍歌も弾いた。「暁に祈る」はそのうちの一つで、母はオルガンを弾きながら「あぁ、あの顔で、あの声で、手柄頼むと妻や子が、ちぎれる程に振った旗、遠い雲間にまた浮かぶ…」

お茶目な母のことであるから、弾きながらしばしば低音域から高音域と全音一つにして「ブルルーン」と弾くなどして雰囲気を盛り上げていた。

ここでも昭美姉の特訓があった。

姉は教えるのが面白かったと見えて、楽譜について色々な工夫をし、指の動かし方を教えてくれた。

一番初めは、「結んで開いて手を打って結んで…」であった。

次は小学校教科書の中から「お馬の親子は仲良しこよし、いつでも一緒にポックリポックリ歩く…」であった。

三番目は「春の小川」であった。

姉はその曲ごとに白い細い横長の紙に鍵盤を合わせて押さえる箇所を順番に記し、その順番通りに鍵盤を押さえれば、自ずから曲になるようになっていた。従って楽譜が読めなくても、姉の書いてくれた横長の紙片さえあ

母　ミドリ

れば、童謡や小学校唱歌は十分弾きこなせた。

これが今日私が音楽を好み、ピアノを弾いたり、フルートを吹く等をして楽しんだり、楽譜が読めるようになれた礎であった。

右手と左手で違う音を同時に出し、あるいは和音というもののすばらしさをこの頃知るようになった。

亡母も、いつどこで習ったのか知らないが、しばしば子供を集めてオルガンを弾き、子供達と一緒に合唱した光景が未だに私の脳裏に焼き付いている。

⑧辞典との出会い

前にも触れたように二人の姉は、私を教育の対象というよりもモルモット的に扱って面白がっていたと思われる。

上の姉、山森ツネ子は文化系であったから、国語・歴史・地理等に詳しく、小説も多く読んでいた。

姉は、小学生一〜二年の頃から「男の子は帝大の法科を出なければダメ。それも大学を出ただけではダメで、高等文官試験に合格しなければ出世できない」と口すっぱく言って、子供心にも、私の脳裏には「帝大」「高等文官試験」が鮮明に植えつけられていた。

国語の勉強で意味の分からない部分をたずねると、初めのうちは、懇切丁寧に教えてくれたが、やがて面倒くさくなってきたのか、「辞書を引きなさい。辞書には何でも書いてあるから…」ということで国語辞典、漢和辞典を使うようになった。

今日、自宅で家族団らんの会話中でも、ちょっと気になる言葉に出くわすとすぐさま「広辞苑」や「漢和辞典」や「字源」・「ことわざ辞典」で確かめる習慣は、小学生の頃からの辞書愛用の延長線上にある。

姉の持っていた吉屋信子の書いた少女小説も、一冊を瞬く間に読み「ナーンダ、吉屋信子の少女小説なんていつも筋書きは同じで、読めちゃう」と途中から少女小説は読まなくなり、変わって姉が読み始めていた「宮本武蔵」全集を読んだ。

更に姉が「これを読みなさい」と言ってあてがってくれたのが、小学校高学年向きの日本史に関する分厚い本で、あてがわれた時は、「何だこんなものか」と思っていたが、奈良時代、平安時代、室町時代を読み進むうち、興味深くなり、後年、私が歴史を好むようになるきっかけとなった。

当時の教科書の副読本的なものであったから、無論、内容が天皇絶対で、天皇に歯向かう者は国賊的な記述もあったか、それにしても歴史に興味を持たせられたことは疑いなし。

⑨室家《むろ》との行き来

母の姉（私たちの伯母）は大阪で砂利を商いとする商人の「室仁一」氏の処へ嫁ぎ、母とは仲が良かったので私達男三人兄弟はよく室家へ毎週の様に遊びに行った。

室家の長男は「和一」ちゃんで、二男は「時明」ちゃんで二人とも私達を実の弟のように可愛がって遊んでくれた。

室のおじさんは、根っからの大阪商人で、家の中のあちこちに祀ってある神棚を毎朝せわしなく手を合わせて拝みまわり、そしてそそくさと朝食する姿をみて、「ああ、これが大阪商人なんだな」と感心したものだ。

この頃、兄・私・弟の三人の男の子が四六時中ケンカをしたり暴れ回るので、母はある日、私達に愛想を尽かせて子供を残してポイと家を出てしまった。私達は「これは一大事」と母を捜そうとしたが、「どうせお母さんが行く所は室のおばさんの所だろう。」と行ってみると案の定、母は室家に居た。「帰らない」等と母は言っていたが、三人の男の子が懇願するのでようやく気もほぐれて帰宅してくれた。でも考えようによっては、母自身も家を出たものの、帰る機会をうかがっていたのではなかろうか。

二、小学校三年生（神戸時代――最も悲しい時代）

①布引に住まう

先にも触れたように父の勤務が欧州航路から中国の青島航路へと変わったので、住居も横浜から吹田市に、さらに神戸市葺合区旗塚通りに移った。市電の車庫のある「布引」の駅近くであった。比較的幅の広い川があり、これは後日、聴くところによれば、神戸市内が大洪水に遭い、その対策として造られた川とのことで見るからにまだ新しい川岸であった。

市電が三ノ宮方面から終点の原田へ行く途中に「布引」の駅があり、市電はその川にかかっている鉄橋を轟音を立てながら渡った。

鉄橋で電車のレールの枕木の間が開いてるので、いたずら坊主の小学生の仲間数人で、電車が鉄橋にさしかかる少し前にその枕木に一人ずつぶら下がり、電車が来ると枕木の間から「ヌウーッ」と、頭を出し、電車の運転手がびっくりして電車を急停車させて「こらーっ」と怒るのを見て、いたずら坊主達は、「ワーッ」と喚声を上げて、クモの子を散らすように一目散に逃げていった。危険極まりなき、ちと度の過ぎたイタズラであった。

②雲中小学校

小学校はエリート校と言われていた「雲中小学校」に転入学したのであるが、ある時、その小学校の大先輩である「酒井中将閣下」なるお方が、この学校に来られるとのことで、全校生徒が校庭に集められ、この閣下のお話を聴いた。しかし、私はそもそも軍国主義が大嫌いだったので、今日、その話は全く覚えていない。

この頃は、軍国主義のため、楽しいはずの遠足も、梅干し入りの「日の丸弁当」を持たされて、長い道のりの行軍をさせられたのにはうんざりした。

③転校生

他の学校から転校して来る者は、えてして珍らしげにジロジロ見られたり、イジメに会ったりするものであるが、私も果たせるかなクラスの中でその種の処遇に出逢っていた時、一人のやや神経質そうな性格の子で、やはり、クラスの中では、やや変わった存在のような子が、私に近付いて来て「一緒に遊ぼうよ。一度僕のうちに来ないかい？」と云うので、放課後、彼の家に行ったところ、彼はピアノを弾いたりして話をしているうちに、「僕の自慢の蒐集を見せてあげる」と言って、大きな昆虫採集の箱をいくつも持って来た。その箱の中には、トンボ、蝶々を初めとして色々な昆虫がピンでさされて陳列してあった。

私はこのピンでさされているいくつもの昆虫の蒐集を見て唖然とし、「ああ、この子とは付き合わない方がいいようだな、道理で、クラスの中で仲間外れのような存在なんだな」と悟り、以後は、余り、クラスの中で親しくせず、つかず、離れずに付き合うことにした。

④大火傷（やけど）

戦時中の菓子や果物その他甘い物等を好きなように食べることのできなかった当時のある日、珍らしくお汁粉がおやつに出され、皆大喜びで、我先にと待っている時、私と弟の敬がケンカを始め、折悪しく、殴り合いになったところへ、お手伝いさんが熱いお汁粉の入ったお椀を差し出したため、見事にぶちまけられ、「あっ」と云う間もなく、熱々のお汁粉のどろんとした汁が私の顔一面に降りかかり、大火傷をしてしまい、「ギャーッ」と、泣きわめいた。

母は、「急いでお医者さんに行きましょう」とは言ったものの、どこに良い医者がいるのかわからず、ここは取りも直さず、室の姉（伯母）に相談した方が良いと考え、私を伴って、先ずは、公衆電話のある処に行った。あいにく、一人の中年の女性が先に公衆電話を使っていたので母と私はその女性の電話での話が終わるのを待っていたところ、その女性は、電話で会話をしながら、泣きわめく私の顔をじっと見ていて、電話ボックスから出るや、母に対して、「坊やのその顔は火傷ですね。どうされる予定ですか?」とたずねた。母が今しがた起きた火傷発生時の状況や、これからどこの医院に行ったものやらを母の姉に相談しようと思って電話をかけにここまで来たと話したところ、件の女性は、「あ、、それなら、私が、いい治療方法を教えてあげます、先ず、良いお薬を売っているお店が神戸駅のすぐ前の『楠公さん』の銅像の近くにありますから、そこでお薬を買ってきて、毎日一日に何回もその水薬を脱脂綿に浸して顔面をヒタヒタと軽くあてて下さい。決してかきむしったり、押し付けたりしてはいけませんよ。それを続けていくうちに火傷の跡は徐々に小さくなって、何カ月かたてば茶色く焼けただれた傷は治りますよ。下手に皮膚科のお医者さんに行くと、皮膚に引っ張りができて、ケロイド状態になりますから、私の言葉を信じて、先ずはその水薬を試してみて下さい」と言い残して立ち去った。

母と私は、地獄で仏に会ったような気持ちで「ありがとうございます。おっしゃった通りにやります」と御礼を申し上げ、早速、指示された通り神戸駅前の「楠公」さんの銅像の前にある薬局に行き、やや大きめなびんに入った水薬を買ってきて、毎日、ヒタ・ヒタと頬に塗っていくうち、みるみる肌は落ち着き、当初は右顔一帯に大きく丸くあった茶色のアザが月日が経つうちに徐々に小さくなり、数カ月できれいに治癒した。しかし、このアザがあった間は、クラスの悪童達は、私のことを「ヤケド・パッチ」「ヤケド・パッチ」と言ってあざけり笑った。本当に憎い奴らだ、と、つくづく雲中小学校が嫌いになった。この小母さんは私にとって命の恩人と言ってもおかしくない程で、今一度お会いして御礼を申し上げたい想いで一杯だ。

⑤下校途中での激しい下痢

食料の不足しているこの時代に、どんな様子でそうなったのかは不明だが、小学校で食事が出され、それも思い切り沢山食べたと見え、下校途中の路上で激しく下痢をしてしまい、チリ紙を充分に持ってはいなかったので、尻から足先、ズボンまで文字通り糞まみれとなって汚れ、泣きじゃくりながら道端にうずくまっていた。そこに一人の中年の小母さんが通りかかり、「あら、あら、大変ね、ホラ、ここにチリ紙をおいて行くから、自分でとりあえず拭いて、早くおうちに帰りなさい」と親切に声をかけてくれた。私はいただいたそのチリ紙で汚れた部分を大急ぎでサッとぬぐい、帰宅した。家に着いても、その一部始終を話さず、二階に上がって一人でうずくまっていると、母がやって来て、「あら、あら、お腹を壊してしまったのね。さあ、早くお風呂場に来なさい」と言って、私のお尻をお湯できれいに洗い流し、タオルで拭いて、私に別のパンツやシャツをあてがってくれたので私はさっぱりとし、ホッと気持ちも落ち着いた。母は私の粗相を追及などせず、温かく話し、事も無げに片づけてくれたので、「ああ、良かった！」と思っただけでなく、母の心の温かさ・広さ、愛情をひとしお強く感じて、今日に至るも忘れられない一件であった。

⑥母の入院

末弟の建夫を出産後母の体調が思わしくなく、入院治療するところとなった。

父の指示により、兄と私と弟の三人で、毎朝、食事前に母の入院している病院まで走っていき、「お母さん、大丈夫?元気になってね」と声をかけ、ニコニコ笑う母の姿をあとにしてすぐさま帰宅し、朝食をすませて登校するという日課が始まった。十一月・十二月と云う寒い季節の早朝に、市電の駅の数にして五つ位先にある病院へ、白い息を吐きながら走って行った。

母の容態は、はかばかしくなく、腸閉塞の手術を二度もして、弱弱しい母の姿は、私の脳裏に今日に至るも鮮明に残っている。

母は年末に一旦退院した。

年末から正月にかけて冬休みを利用して両親の故郷である広島県安芸郡下蒲刈島字三之瀬にいる祖母の処へ遊びに行くことになった。しかし、未だ小学生の三人の子供だけで神戸から呉線の仁方まで行き、そこからポンポン船で島へ渡ると云う旅は、心もとないと云うことでツネ子姉が三人を連れて行き、正月の色々な準備もあることなので、これを病気上がりの母にさせてはいけないと姉だけは一足先に年末ギリギリに神戸へ帰宅する手筈となっていた。ところが、戦時中のことなので、列車の切符の手配が思うように行かず、結局、姉は歳明けて正月にようやく帰れると云うところとなった。

結局、母は、退院後未だ日が浅く病身なのにもかかわらず、自分で料理その他正月を迎える準備をしてしまった。これがある意味では、母の命取りになる原因の一つにもなったのではなかろうか。

歳明けて私達三人も帰宅し、一月十五日は母の誕生日だったので、母が元気になるように、と、げんを担ぐように豆（マメになる）その他縁起のいいものを皆で食したのを今でも鮮明に覚えている。

しかし、それも束の間で、母は翌十六日には容体が急激に悪くなり、緊急入院するところとなった。前年の十一月、十二月の手術に続いて三回目の大手術をし、母は大変危険な状態となった。

⑦母の死

母は危篤状態となり、家族全員が病院に詰めて、母を見守っていた。

室の伯母が母に「ミドリさん、死んだらあかんで」と励ましの声をかけたら、母は、「姉さん、何言うてんの、七人もの子を残して死なりょうかい?」と言いながらも、頭上を死神が徘徊するような感触があったのだろう、頭や顔の上を手でふり払うしぐさをしていた。

昭和十九年一月十七日の明け方、兄・私・弟の三人は「とりあえず、もう寝なさい。何かあったら起こすから…」と言われ、ベッドのそばでウトウトと仮眠し始めたものの、すぐに起こされた。主治医が診察をしたり、母の脈をとったりしていたが遂に、「ご臨終です」との宣告があり、母は静かに息を引き取った。

母の死を目の当たりに見て私達は母のなきがらにしがみつくかのようにベッドの脇にしゃがみ込んで、一堂「ワアッー」と大声で泣き崩れた。

「お母さん‼何でー‼」「死んだらあかん」「お母さん」「お母さん」……

皆が泣き叫んでも、最早、母は帰らぬ人となってしまった。

室の伯母が「皆で、『石切さん』の方へ向いてお祈りしなさい」と言ったので、一同、石切さんの方へ向かって暫くの間手を合わせて泣きじゃくりながらお祈りをした。

「この世にこれ以上の悲しみはない」一瞬であった。（注・「石切さん」は近鉄奈良線「石切」駅より徒歩十五分のお百度参りで知られる『石切劔箭神社《いしきりつるぎや》』のこと）

夜が明けて、皆帰宅し、通夜・葬儀の準備で、周りの人々はせわしなく動き回るが、私自身は悲しさのあまり、何も手につかずの放心状態だった。

父の弟の二男の軍一叔父が神棚を白い紙で覆い、テキパキと周りの人に指示をしつつ葬儀の準備をする姿を見て、「何もそんなに急いでやらなくてもよさそうなのに…」と思い、この叔父はドライな人なんだな、との感を禁じえなかった。

⑧悲嘆に明け暮れる日々

母の葬儀後、初七日《ナノカ》、二七日《フタナノカ》、三十五日、四十九日と法事が続き、その度ごとに母のことを思い起こして日々、涙、涙、に明け暮れた。

日々、良きにつけ、悪しきにつけ、「あゝ、お母さんがいたら、きっと一緒に喜んでくれるだろうに」とか、「あゝ、お母さんがいたら、きっと優しく慰めてくれただろうに」等と想い、涙に明け暮れる日々の連続であった。

母の死は私の人生での最大の悲しみで、その後、他にいかなる悲しみに出逢うことがあっても、母の死以上のものはなかった。

第三節　小学校高学年及び新制中学時代

（広島・下蒲刈島村時代）

（昭和十九年四月〜二十五年三月）

一、小学校四年生（都会生活から田舎生活へ）
―百八十度転換した悲しく苦しい日々の連続

小学校三年生を終えた春、私達一家は、父母の郷里である広島県安芸郡下蒲刈島村字三之瀬の田舎へ引っ越した。戦争もたけなわで、大都会である神戸に居ることは危険で、いわば、一家全員で疎開をしたのであった。

父は日本郵船の会社も退職し、島で農業をすることになった。幸い、父が羽振りの良かった時代に住居や田畑、山等を購入していたお蔭で私達一家は肩身の狭い想いをするようなことはなく、日々、学業のかたわら、農業の手伝いをした。

田畑は住居のある所より少し離れた処にあったので、毎日、吾が家の前の「対馬雁木（石段）」から船の櫓を漕いで行き来した。往きは、肥料になるものを船に積み、帰りは収穫物を積んで帰った。島の周辺の潮の流れは速く、満ち潮、引き潮のそれぞれ一番きつい時は、蒸気船ですらも潮の流れに逆らって航行することはできない程きつかった。

従って、潮の満ち引きを計算に入れて村落と田畑との間を往来したのであった。

下蒲刈島は周囲を歩いても八里と言われる小さな島で、「貧なるかや……耕やして天に至る」と中国の高僧に評されたごとく、段々畑を島のてっぺんまで耕やして農作物を作っていた。島のことであるから、漁師もいて、いわば、島全体としては、半農半漁の村と言えよう。親友の三谷君のお父さんは、村でも一番の腕利きの「鯛の一本釣り」の名人であった。海の同じ釣り場に行っても三谷君のお父さんのようには他の人では鯛は釣れないとのことであった。

村の人々は信仰心が厚く、どの家庭でも、朝な夕な、お経を唱えるならわしであった。

宗派は浄土真宗（親鸞）で、村を一望に見渡せる高い所に「弘願寺」という立派な寺があり、この寺の僧侶は代々、永野家が受け継いで来られ、また永野家からは、衆議院議員や広島県知事となられる方が出られる等、それは立派な名家であり、今もって毎月、弘願寺からお便りを頂いており、また、清水家の先祖代々の墓もこの寺の裏側にある。とまれ村人達は月に一回行われる僧侶の法話を聴きにせっせと足を運んでいた。

この村人達の信仰の状況を後年、私が、さる殺人事件の弁護を通じて何かとご指導いただいた弁護士の大先輩の島田武夫先生に、やや得意げにお話したら、先生はそのことも百も承知であられたようで、「うん、そのようだねえ。しかし、あれは信仰心が厚いのではなくて、この世で色んな悪いことをしておきながら、あの世では仏様に救ってもらおうと云う、まあ他力本願そのもので、お経をあげているだけで、余り感心できないね」と一笑に附されてしまった。

私は三之瀬小学校四年生に転校生として入学したが、結局のところ、小学校は、吹田、神戸、広島と三回変わったのであった。

転校生は、一般にえてしてクラス中のものから物珍しげな顔で、じろじろと眺められ、仲々親しくとけ込めず、暫くの間は一人ぼっちの状態で我慢するしかないものである。

母の死、都会生活から田舎生活、そして転校生としての悲哀等々を感じ、幼い弟をおんぶしておもりをしながら裏山にある亡き母の墓に手を合わせに行ったり、波止場をうろつきながら、いっそのこと弟をおんぶしたまま、海にとび込んでしまおうか等と悲嘆に暮れる日々であった。

都会育ちであった私達兄弟も嫌応なく、毎日農作業を手伝うことになり、田植え、草取り、稲刈りをし、夏の間は毎日、学校に行く前の早朝に田んぼへ行き、ハネつるべで井戸水を汲み上げて田一面に水を行きわたらせるのが日課であった。

また、カンカン照りの暑い昼間に麦畑・芋畑の草取りをしたが、汗だくの本当にきつい農作業の連日であった。

ある年の麦の収穫の時、麦わらで作られた大きな丸いザル状の「えんぼ」と称されるいれものに収穫した麦の穂を入れ、足でふみ込んでいたところ、麦の穂のどこかに一匹の百足がいたらしく、私の足の親指がここぞとばかりに噛みつかれ、それはそれは痛いのなんの、筆舌尽しがたい程の痛さで私は思わず「痛い!!」と言って振り上げたり振り廻したが、百足は喰らいついたまま離れず、私は手でこの百足を振り払おうとしたが、駄目で、とうとうひっち切るようにして百足を取り払ったものの、百足の喰らいついた箇所から、百足の猛毒が足の先から太腿のつけ根まで押し寄せて来て、リンパ腺が「キューン」と詰められ、兄弟達に助けられながら、最寄りの加藤病院へ行き、注射をしてもらって、何とか痛みも止まり、ほっとしたが、何とも大変な経験をさせられた。(注・加藤病院は当時、人里から少し離れた処で結核の隔離病棟を運営していた)

話変って、昭和十九年と言えば、太平洋戦争でも日本軍はあちこちで負け戦となり、戦況はまさに厳しい状況となりつつあった。

小学生の幼い私達としては、戦に何ら貢献することもできないので、誰云うとなく、せめて日本軍が勝てるよう神様に祈るしかないと云うことになり、皆で村の鎮守様に毎朝、日本軍の武運長久を願って、お参りをすることになった。

クラスの大部分の生徒は皆で予め打ち合わせした時刻頃に集合して一緒にお参りしたのだが、私は転校生として未だ親しい友人もできていなかったので、皆がお参りする時刻よりも三十分位早い時間にひっそりと一人で長い石段をかけのぼり、そそくさと柏手を打って、皆と出逢わないように早々と帰宅した。

すると、後日、担任の大成先生からクラス全員に対して思わぬご注意があった。

「あなた方は皆で連れ立って神社にお参りすると言いながら、皆でワイワイガヤガヤしゃべりながら石段を昇り、お参りしていて、それは、『お参り』と云うよりも『お祭り騒ぎ』と言ってもいい位遊び半分のお参りなので、朝早くからうるさくて近所迷惑ですよ。でも、清水君だけは、一人でひっそりとお参りしているのを見ました。神社へ武運長久のお参りをすることは神様へお願いごとをするのですから、もう少し礼儀正しく静かに行わなければいけません!!」

私一人ほめられたようだが、案外また、「一人ぼっちのいじめの対象になってしまうのではないか?」と一抹の不安を感じたのであった。

二、小学校五年生（原爆と終戦）

昭和二十年四月、小学校五年生の初めの頃は、教員が軍隊に動員されていたので教員不足を補うため中学校を卒業したばかりの無資格の若い代用教員なるものが小学校の先生をするようになり、その上、防空壕掘りの作業にかり出される等して、教育の現場の質及び学校全体の雰囲気の低下は目を覆うばかりであった。他学年のある代用教員は目つきも「ゴロつき」風で、誰彼となく、事あるごとにすぐに手を出して子供達にビンタをくらわしていた。

ある時、ひょんな機会に、私がその問題のゴロつき教員と言い争うことがあったところ、果せるかな、そのゴロつき教員は私の左ほっぺたをいきなりぶった。私は、その暴力に屈しないで、「何の理由があってビンタしたんだ。ビンタする理由があるのなら右のほっぺたもビンタしろ!!」と言って喰ってかかった。周りのクラスメイトもどうなることかと全員が注目していたら、そのゴロつき教員は一瞬たじろいだあと、ビンタするどころか、その場の雰囲気に気遅れしたのか、もの凄い形相の顔をして私をにらみつけながら、立ち去った。この暴力に勝ち得た私の経験は、「正しいものは必ず勝つ」という自信を私に与えてくれた。

このゴロつき教員は終戦後、日ならずして三之瀬小学校から姿を消した。

この年の最大の出来事としては、原爆と終戦である。当時は夏休みらしきものは無く、八月の暑い最中にも登校し、防空壕掘りの作業をさせられたり、軍事教練を受ける等していた。

八月六日、朝礼があり、校長先生の訓話のあと、「終わり!!気をつけぇ!!」のかけ声に従って、皆が背筋をのばして直立不動の姿勢をし、「礼!!」のかけ声でお辞儀をしたその瞬間、眼前に稲妻のような光が走り目がくらくらっとなったような感じがした。私も皆も「おやっ？」と思ったが、しゃべることも許されない朝礼の儀式であるから、全員黙々として教室に入り始めた頃から誰云うとなく、「今何か光ったよねぇ」「そうだ、そうだ」と奇妙な光線について話していたら、暫くして、「ドーン」と地響きのするような轟音を耳にし、皆、びっくりして「何だ、何だ!!」と騒いだ。

空にはアメリカ空軍のＢ29一機が高い処を飛んでいる姿が見られた。

そして、広島方面の上空にかのキノコ雲（原子爆弾特有の巨大なキノコ型の白っぽい雲）がにょきにょきっとあがっていった。

人々はガスタンクが爆発したのではないか等と想像をたくましくしたが、日ならずして、どうやら「新型爆弾が落とされたらしい」と言われるようになった。（後日、人々はこの新型爆弾を「ピカドン」と云うようになった）

そして、翌八月七日以降、続々と村から広島の軍需工場に働きに行っていた二十才前の娘さん達が、見るも無惨なむごい姿で島へ帰ってきた。髪の毛はちぢれ、顔や体は全身大火傷でケロイド状態となり、焼けこげたボロボロの着物をわずかに体を隠すようにしてまとい、まわりの人に支えられながら、各人の自宅へと帰り、そこで、「水!!」「水!!」と哀願し、水を与えると、おいしそうに「ゴクン」と呑んだかと思うとその場でバタンと倒れて息を引き取り死んで行った。これを見てあるおばあさんは「水をやっちゃあいかんで、水をやると死ぬけえ」とわめいたりしていた。

私の家の向い側の家の娘さんも同様であった。

村中のあちこちでそのようにして死人が出るので、火葬場はとても対応できず、仕方なく、死体を、島の浜辺にズラッと並べ、これにガソリンをぶちまけて死体の火葬をした。

これを目のあたり見て幼い私でも「何と‼戦争はむごい。アメリカは絶対に赦さない‼」「いや、本当にむごい‼」と肝に銘じた程であった。

同じクラスの女生徒の梶浜さんは、この原爆で、一度に三人の家族を失った。と云うのは、八月六日、梶浜さんのご両親は、たまたま当日が軍人である息子（同級生の兄）との面会指定日だったので、広島までいそいそと息子との面会に出掛け、そこへ原爆が投下されたため梶浜さんのお兄さんとご両親の三人共に爆死すると云う悲劇になった。私はそれを知ったとき、「あ、世の中には、こんな不幸がいっぺんに押し寄せることもあるんだ……」とびっくりすると同時に、母の死で、「自分は不幸な少年なんだ」と日々悲嘆に暮れていたことにハッと気づくところがあり、「自分よりも、もっともっと不幸な人もいるんだ。母の死で、いつまでもいじけていてはいけない」「よし、強くなろう」「世の中、自分自身しか頼りになるものはない。親兄弟にも頼らず、自分だけを信じて強く生きて行こう」と決意するところとなった。

この時までは、口ばっかり達者であってもどちらかと云うとひ弱で頭でっかちの少年だった私が、人を頼りとせず、独立独歩、強く生きて行こうと子供心にも痛く感ずるところ大であった。

かくて八月十五日、この日、なんでも天皇陛下の玉音放送があると聞かされ、当時としてはラジオすらまだ各家庭には無い時代で、たまたま吾が家にはラジオがあったので、近所の村人も吾が家に集まり、天皇陛下のかの「……しのび難きをしのび、ここに……」と終戦を宣言された有名な玉音放送を聴いたのであった。

この放送を聴いて、日本国民は夫々に感ずるものがあったであろうことは想像に難くないところであるが、私としては軍国主義が大嫌いだったので、子供心にも「あヽ終わった‼重苦しい戦争時代は終わって、これからは自由になれる」と口には出さねど喜び勇んだ程であった。

小学校五年生の前半は、前述のように代用教員などの質の良くない授業ばかりであったが、終戦後は学校の雰囲気もガラリと変り、運動会や学芸会も行われる等して自由にしてのびのびとしたものになった。

担任の先生も忠海中学を卒業したインテリ風の大心池《おごろち》先生に代り、先生からは墨絵を懇切丁寧にご指導いただき、川の急流をいかだで下る風景を描いた作品を先生にプレゼントしたところ、先生は大変嬉しそうに受け取ってくださり、その後は、先生のお宅へよく遊びに行った。私は図画工作は余り、得意ではなかったが、これがきっかけで、鉛筆画のスケッチや水彩画を好んで描くようになった。そしてこの年の通信簿の成績では図画工作は「秀」をいただいてびっくりした。

三、小学校六年生

昭和二十一年四月からは、向島村の廻船問屋の娘さんで、師範学校を卒業された田中フク子先生が担任となった。

田中先生からは、作文を懇切丁寧に指導していただいた。これが、今日の私の著述活動の原点となったと言えよう。

秋には修学旅行と云うことで、広島市へ行ったのであるが、空襲で街全体が爆撃され、見渡す限り、莫々とした焼野原であり、何もかも焼け尽くされたとの感を強く感じ、戦争の悲惨さを目のあたりにし、「何のための戦いだったのか?」「太平洋戦争のどこに意義があったのか?」と子供心にも、終戦の前と後で、あらゆる面で、余りにも価値観に違いがあることにただただ驚きの念を禁じ得なかった。

それは、終戦まで、吾がもの顔でかっ歩していた軍隊の権威が、ものの見事に否定され、崩壊したことに象徴されていた。

小学校卒業記念写真

四、下蒲刈中学校時代

①良き師との出会い

いわゆる六・三制により新制中学校が誕生し、小学生はすべて三年間の中学校教育を受けることになった。一年生から「新制」中学で勉強したのは、私達の学年が初めてであった。そのため、中学生が授業を受けるにも校舎はなく、小学校校舎を時間を分けて二部制三部制等で使用し、二年生後半からようやく新校舎で授業を受けるようになった。その新校舎建築に際し、生徒は度々作業と称して肉体労働をさせられた。私の右腕には岩山の頂上のような大平山から木材を運ぶ際に釘がささった傷跡が今も残っている。

クラス担任は英語を教える桜田貫道先生で、早大卒のインテリで、中学校のすぐ近くの住居で質素な生活をしておられたのが、記憶に残っている。

校長の木村光徳先生は教育者として立派な方で、勉強家でもあられ、近江聖人「中江藤樹」について研究され、文学博士号を得られ、また、後に広島市内の大学の総長にもなられた程の人格者であった。

木村校長が人徳のある方だったので、田舎の新制中学でよくもこんなにと思われる程、優秀な教員が各科目に揃っていた。

国語・英語・数学・理科・社会はもちろんのこと音楽も、素晴らしい声で生徒の前でカンツォーネの唄を歌って下さる女性の先生がいた。「サンタルチア」「オオソレミオ」等々で、生徒達は、その美声に聴きほれて感動したものであった。

また、映画の好きな数学の先生は、本来の授業そのものはほんの僅かの時間で終らせ、その後、生徒達の強い要望に応じて、「怪人二十面相」等の話を得意気に身振り手振りよろしく、迫力充分に語り、生徒達は大喜びであった。

後年、木村校長のお祝いの会が広島市内のホテルで開かれた時、木村校長から、「清水君、君、教え子代表で一言挨拶をしてくれよ」と光栄にもおおせつかったが、後日、側聞したところでは、木村校長としては、私が、昼間働きながら、夜間高校に行き、そして中央大学を卒業して、弁護士になったと云うことについて先生は周りの人に「自分の教え子にこう云う頑張り屋がいた」と嬉し気に話しておられたとのことであった。

後年、木村光徳先生宛に、私が色々なアルバイトをしながら勉学に励んでいることや、学習塾を開いて、小中学生の指導をしていること等の近況をお報せしたところ、丁重なお便りをいただいた。先生は前述のように中江藤樹の研究をされ、文学博士号もとられた程の哲学者でもあられただけに、お便りの文は慈しみ深く、私の心にしみ入る内容のものだった。

そのお手紙文を次にご紹介する。

合掌、

懐しいお便り有難う。今でも聡明そうな引きしまった君の顔が私の眼前に彷彿とします。随分と苦労して努力を積んでいる君の一途のひたむきの前進が何よりも嬉しい。而も、「サンドイッチマン・ポン引・貸間周旋業…等々果てはホテルのボーイやバーテンダーまで人生の裏街道」を歩いているという君の「危険」な「生活」にも関わらず暗さが微塵も感じられないことは、私にとっても（又清水君にとっても）、嬉しい限りです。否、それのみか、「今日のマス・プロダクション的教育の穴を少しでも補うとの目的をもとに、家庭との緊密なる連絡をとり、生徒との人間的接触ということを常に念頭において指導に当って」いるという。人生の積極的な意義を見出して日々に発展しつつある君には、悲しい生活から来る暗いニヒリズムがない。この事は近頃の青少年の通弊から脱している君の高い境地を示すものとしてそれ亦嬉しい事です。

〝この子は何かやるね〟という実感が、蒲刈の教師をしている頃の私の偽らない実感だった。それを実践を通してやり遂げていてくれることは教師の眼のくるいのなかったことを立証してくれるものとして愉快である。

創成期の下蒲刈中学校は設備に於ても、教師の人的構成に於ても不完全極まるものであったが、それでも、菅夫妻、山森、多賀、児玉、井藤、島津とあげていけば面白いメンバーであったようにも思う。君のいう通り、創成期の教師は各所に四散してしまったが、その主だったメンバーは今でも教育界の重要な位置（階級を意味しない、人格的に才能的に、識見的にです）を示しているように思う、私という人間がカドの多い而も一癖のある一面を好む性格から異色ある人間共が集ったらしい（意識して集めたわけではないが又、意識して集められる程、教師はころがっている時代ではなかった。）

私も蒲刈を去ってからは意識的にいかないことにしている。何かシュウト口《ぐち》をたたくわけではないが、そんなことになりかねないをおそれての事です。然し昨年ミカンの色づく頃蒲刈中学校の十周年記念に招待されて小・中学校児童生徒と村民の皆様の居並ぶ中で盛んな式を催して下さったのには眼頭が熱くなった。

私が蒲刈を去ったのは、一つは研究のためでした。今でも「中江藤樹」の研究を続けている。無芸無才でこの一筋につながるわけです。文部省の科学研究助成金をもらったり、学会で発表したりしている。若し出来れば三十五年度末までの旧制学位論文の提出期限が切れるまでに学位論文を提出したいと頑張っているが、どうも息切れがして、一、二年の期間不足しそうで昭和四十年頃まで延長して呉れればとれること間違いなしだが、どうなることやら。

今年も東京による予定にしている（学会が東大である、藤樹展が三越百貨店にあり私もこれに関係している）十月頃若し時間の都合がつけば是非清水君とも会って久し振りで君の元気な意見を聞きたいと思っている。

恒子さんも御子さんが沢山出来ていることと思う。山森君も元気だろうね。御両親はどうしていられますかね。

又、御暇の時は御頼り下さい。元気でやって下さい。

六月二十日

清水直君

木村光徳

②父の商売の手伝い

話がやや前後するが、父は島へ帰って、おとなしく百姓をするだけでは、到底おさまらない人で、結局、次々と色んな事業を手懸けるようになった。

造船業、回船業、精米・製粉業、アイスキャンディ屋等々であったが、カッパの丘上がりのたとえの如く、やることなすことすべて失敗であった。父は日本郵船と云う日本一の客船運航会社で長年司厨長としてロンドンに数十航海も往復した人なので人前で頭を下げて「はい、いらっしゃい。ありがとうございます」と商人らしく腰低く声かけのできる人ではなかった。アイスキャンディ屋の時も父が店に出て突っ立っていると何となく寄りつき難い雰囲気がただよい、客は来ず、私が店番をしている時は、次から次へと来客があり、商品が売り切れる程であった。それは、来客に愛想よく声がけをするだけでなく、私は五本買ってくれた人には一本、十本買ってくれた人には二本と云うようにおまけをさし上げたからに外ならない。と云うのは、アイスキャンディとは言っても、水に色と甘味をつけて凍らせたに過ぎず、そんなに原価はかかっていないと云うことを知っていたからである。

私としては商売と云うものが、どんなものであるか、知り始めたよい経験だった。

結局のところ、前述のような父の商売はどれも失敗だったので、最後に豆腐屋をやることになった。

毎早朝、父と兄は、石臼を廻して大豆をすりつぶし、これを大きな鍋でゆでて豆腐を作り、これを村の人達に販売した。

表通りの店先に豆腐を入れた水槽を置き客が買いに来るのを待ったのであるが、これでは左程の量を売りさばくことはできないことは当然で、隣村の二箇所の食品店に卸売りをすると同時に三之瀬の村中を、私が天秤棒をかついで売り歩くことになった。

この仕事は父や兄は性格的に無理であった。

私は学校から帰宅するや、二つのバケツいっぱいに豆腐を入れ、天秤棒の前と後につり下げてかつぎ、売声高く「豆腐はいりまへんかあー？」と言いながら村中を売り歩いた。

買ってくれそうなお宅には、玄関越しに、「おばん、今日は寒いでえ、熱い豆腐汁を食べるのがええでよお」と声をかけると、馴染みのおばさんがニコニコしながら、「そうよのおう、今晩は豆腐汁もええなあと思うちょったら、丁度ええ具合にあんたが売りに来てくれたんよのおう、一丁くれんさい」と言って皿を出してくれた。

豆腐をバケツの水の中からすくって皿に移すのも手際よくやらないと、豆腐の端っこを傷つけてしまう。

大きく深めの入れものに水を入れてさし出してくれると、これが一番、良いのであるが、薄い西洋皿等をさし出されると、豆腐を傷つけないで皿の上にのっけること自体、至難な技であった。

豆腐売りの道順の後半の所に住居のある親友の松本進君はしばしば買ってくれた。そして最後は村はずれにある母校下蒲刈中学で、宿直の先生が、「清水、売れ残りはまだあるのか?」とたずねられ、私が「はい三丁残っています」と返事をすると、「みんな買うよ」と言って協力して下さり、お蔭で豆腐は全部売り切れとなり、バケツの水を捨てて空になったバケツを軽々とかついで心楽しくいそいそと帰った。

先生が一人で三丁もの豆腐を食べることはできないのであるが、そこは、いつも当直の先生の所に遊びに来ている生徒が三～四人はいるので、皆でおいしそうにパクつき、あっと云う間に三丁の豆腐はなくなると云う光景であった。先生が単なる学校の勉強の先生だけでなく、親の事業の手伝いをしている私を身銭を切って助けて下さる姿には、頭の下がる想いであった。まさに、教育者のお手本と言っても過言ではなく、私の人生の処し方に一つの教訓を与えて下さった。

私の豆腐売りにもライバルはいた。中年の小母さんで、本州の仁方方面から、豆腐を仕入れ、私の売り歩く一時間位前の時刻頃に村中を売り歩くのである。それに父の作った豆腐より仁方の豆腐屋の作った豆腐の方が見た目にもきりょう良く、おいしそうに見えた。そんなことで、この小母さんの豆腐を買う人もあるのであるが、事情を知っている私の馴染みのお客さんはこの小母さんからは買わず、後刻、私が売りに行くと、「あれが先に売りに来ちょったが、あんたが来るじゃろう、と思って待ったんよのう。一丁くれんさい」と買ってくれ、ある意味では「ファン」のようなお客さんで、本当に有難かった。

弘願寺の奥様もしばしば、二丁～三丁と買って下さった。ある意味では、村中の人達に助けられて私の商いがなり立っていたと言えよう。

同級生の中には、私の「豆腐は要りまへんかあー?」の売り声をわざと真似して、私をからかう奴もいたが、それも日ならずして納まり私は、毎日、つつがなく豆腐売りを続けることができた。

ところで、豆腐売りには、後日、思わぬごほうびをいただけることになった。

と、云うのは、中学三年の卒業式の日、私は「全学年間学業優等操行善良賞」「安芸郡PTA連合会長賞」をいただいた上に、下蒲刈島村・村長の若菜肇さんから光栄にも「村長賞」なるものをいただけることとなったのである。後にも先にも私だけ、と言われた特別表彰なのであった。

ここにその賞状の全文を紹介する。

賞状

清水直

右の者学業優等操行善良にして能く勤労精神に徹し
学舎に在りては能く全校生徒を善導し
家庭にありては孝道にこれ努め
その善行は洵に他の模範とするに足る

依てここに之を賞す
昭和二十五年三月二十四日
安芸郡下蒲刈島村長　若菜　肇

卒業式当日、私は校長先生から三度指名され、三つの表彰状を拝受したのであるが、後日、村の人が「清水の子がみな（全部）持って行った」と評されたのであった。

副賞として「そろばん」や三省堂のコンサイスの「英和辞典」等もいただき、これ等は今もって大切に保管している。

無論、卒業生を代表して「答辞」も述べた。

卒業に際し、誰云うとなく、卒業生から学校に記念品を贈ろう、また、先生方に対する謝恩会をやろうと云うことになった。ただ、その必要資金を親から出してもらうのでは意味がない。「自分達で稼ぎ出そう!!」と云うことになり、皆で草履（わらじ）を作ってこれを売りさばいて、その販売代金で記念品の購入資金、謝恩会の料理代金を賄おうと云うことになった。

三学年生全員が夫々に草履を自宅や学校で作り、これはきれいに売りさばくことができた。そこで、私は呉市内の旗屋に何度か足を運び、そこの店のご主人に何かとアドヴァイスをいただいて記念品としての式用の「まん幕」「テーブルクロス」「花びん」の三点を色々手配して購入することができた。この時、織物については、とどのつまり、すべて京都の西陣の業者を通さないと良い物は入手することはできないと云うことを知らされた。
この式用三点セットは吾々三年生の晴れの卒業式当日に初めて使用していただいた。

第四節　高等学校時代（苦学生時代）

一、広島県立広高等学校一年生一学期、二学期
（昭和二十五年四月〜二十五年十二月）

高等学校は、当時の制度上、県立高校は自分の好む高校を選ぶと云うことはできず学区制により、私達は呉市の広高等学校、（旧制の呉三中）に進学するものとされていた。

朝早く、ポンポン船で本州に渡り、呉線の仁方駅から一つ先の広駅まで汽車で行き、そこから徒歩で学校に行くのであるが、待ち時間等もあるので通学のための所要時間は二時間余りにもなり、学校に着いた時には、疲労もさりながら、成長期の少年時代であるから、無性に腹ペコになり、持参した昼食用の弁当を一時間目の授業の始まる前に食べてしまい、昼はコッペパンを買って何とかしのぎ、夕方帰宅する頃は、これまた大変な空腹状態であった。クラスの仲間は、「島の連中は、授業の始まる前に弁当を食ってやがる」と言ってあきれたような顔をしていた。

それにしても、当時は敗戦により、日本国民全体が、ある意味で、ひもじい想いをしていたのであるから致し方ないところであろう。

広校では平岩君と云う友人ができ、英語の成績が抜群に優秀で背も高く、バレーボールの選手として前衛のセンターで活躍する程で、「文武両道」と言われるように、学業と言い、スポーツと言い、申し分のない優秀な人物だった。果せるかな大学は京都大学に入学した、と後年知らされた。それにしても貴重な彼との交友が広高校時代だけで終ってしまったのはやゝ心残りである。

高校一年の二学期終了頃には、父の事業は前述のようにことごとく失敗してしまい、どうにもならなくなり、家屋敷、船、田・畑・山林等々のすべての財産を売り払ってもなお、借金が残ると云う状態となってしまっていた。

かくて昭和二十五年十二月暮の押し詰まった頃、吾が家は全員、島を後にして、神戸の父の日本郵船時代からの親友である吉村清知さん宅に転がり込んだのである。

今にして想えば、吉村さんは、よくもまあ私達一家が転がり込むのを快く受け入れてくれたものだと感謝の念ひとしおである。

吉村さんは、後でも触れるが、心広やかで、応揚にかまえて、大局的に物事を適確に判断される大人物で、私の今日あるもの、吉村さんの大局的見地に立脚した判断による適切なご指導の賜物であり、尊敬して止まない、私の大恩人と言っても過言ではない方である。

私達一家は、命からがら、ようやくにして島を後にして何とか神戸に向かったとは言え、まさに夜逃げ同然の状態であったと言えよう。とは云うものの、私個人としては、小さな村で、そこに住まう人達全員が、日々互いに周りの人の暮らし振りを互いに監視し合うような閉鎖的な雰囲気は、息も詰まるようで、このような処からは脱したい気持ちだったので、神戸へ向かう夜汽車の中で私自身は秘かに「あゝ、自由になれる」と喜んでいた。

それにしても、何としても生きて行かねばならない。兄は牛乳配達人となり、私は兵庫駅近くの「まりやクリーニング商会」の住み込みの小僧として働くことになった。

親兄弟と離れて他人の家に住まい、朝から晩まで働いてやっと食を得ることができる、と云うのは惨めそのものであった。

父が私を「まりやクリーニング商会」に就職させて「では、直、元気でな……」と言って手を振って帰る姿を見た時、「あ、、俺一人ぼっちになるんだ」と知り、何とも言えない淋しさを感じた。

その後の私の日々の生活は、朝早く起きるや店の掃除をし、朝食後は、神戸市内を営業のため、自転車の後に大きなカゴと袋を乗せて走り廻った。仕上がったカッターシャツや背広等をカゴに入れて顧客宅にお届けに行く、また次の注文として頂いた物はカゴに入れて持ち帰ると云う仕事であった。

カッターシャツやエプロン、等の白物の品は洗濯後、一旦、大屋根の屋上で乾かした後、再びしめし、のりづけをし、生がわきの状態でアイロンかけをし、「たたき」と称して、その際、バタン・バタンとアイロンで叩くようにしてしわをのばして仕上げる。まさに力のいる仕事である。

しかし、白物は利益は少なく、どちらかと云うと、背広やオーバーのような「毛物《けもの》」の方がクリーニング代も高く利益が出るので、いわば、白物は毛物の注文がいただけるためのサービス的な面があった。

中学時代の豆腐売りの経験があったので、クリーニング屋の営業においても、威勢よく、「今日わーッす。まりやクリーニングです。ご用はございませんか?」とはずかしがったりせずに注文取りに走り廻った。顧客の中には、「おや、威勢のいい小僧さんだねぇ。」等と評してくれて嬉しかった。

午前中は自転車での顧客廻りで、午後は洗い場の手伝い、夜はプレスの手伝いと言った仕事の連続であった。

店にはプレスの腕のいい職人が、結構な額の給料を得て黙々と働いている姿を見て、「あ、これが『職人』と称するプロなんだ」と感心し、その職人の仕事振りをつぶさに見て覚え、職人の帰宅した後、自分のシャツ等を見よう見まねでアイロンかけをして練習した。

営業面では、この店の本来の顧客の注文取りは私に定められた給料内の仕事なのであるが、店の客とは別に私個人で新しい客を開拓した時は、その客の支払うクリーニング代の二〜三十パーセントの歩合給がいただける、と云うことを知り、持ち前の商人根性で、せっせと、「これは」と思われる商店、邸宅に飛び込みセールスをして廻った。しかし、どの家も店も会社も、夫々、常日頃から出入りしている別の馴染みのクリーニング屋がいるのが通常で、そこへ割り込むと云うことは容易ではなく、いわば、顧客の取り合いになるのであるから相当の努力が必要である。

私は、神戸市の山の手の大倉山方面には、お金持ちの邸宅があるので、その辺の客の開拓ができれば、良い注文が相当いただけるのではないか?と目論み、片っ端から邸宅の門の呼び鈴を次々と押して「今日わーす。まりやクリーニングでございます。クリーニングの注文はありませんか?」と声をかけて廻ったが、さっぱり反応はなかった。それでも二回三回としつこく呼び鈴を押して廻っていたら、ある時、さる立派な邸宅で、お手伝いさんらしい若い女性が出て来て、「あんたしつこいわねえ。この間も言ったでしょ。うちは『白洋舎』なんだから、『まりや』なんて関係ないわよ。もう、来ないで!!」と大きな声で私を叱って追っ払おうとした。すると奥の玄関の戸をあけて品の良い奥様らしき人が出て来て、「おタケ（お手伝いさんの名前）、何を大きな声を出しているの、風が悪いじゃないの」とたしなめられた。すると、おタケさんは、「いえ、奥様!!この小僧さん、『まりやクリーニングでございます』とか何とか言って注文取りに来てうるさいんですよ。『うちは白洋舎なんだから』って断っているんですけど……」と言って弁解した。

するとと、奥様は、私の方をチラッと見て、「あら、可愛らしい小僧さんじゃない？ほらお父さんのYシャツのカラーがあるでしょ？あれを一本試しにクリーニングに出してあげたら？」と言われた。おタケさんはプンプンしながら、奥様の命令に不承不承従って、私にYシャツのカラー一本を手渡してくれた。私は「ありがとうございます。できるだけ早く、きれいに仕上げてお届けに参ります」と深々とお辞儀をして、そのお宅を後にして店に帰った。そして、職人さんに「今日、僕の開拓した新しいお客さんからの注文なんだけど、それもYシャツのカラー、たった一本なんだけどね、うまくやると、毛物がいっぱい出るんじゃないかと思うんだ。大倉山のそれはそれは立派な邸宅なのでね。僕のお願い、超特急でクリーニングして下さい」と頼んだ。職人さんは、「お丶それは良かったなあ。良し、引き請けたぞ」と男気を出して、快く引き請けてくれ、その日のうちにきれいにクリーニングして仕上げてくれた。私は翌日、そのカラー一本をきれいに白い紙で包装して件の邸宅へ急行した。そして例によって、呼び鈴を押すと、果せるかな、また、かのおタケさんが出て来て、「あんた、昨日カラー一本クリーニング出してあげたでしょっ?」とつっけんどんに言った。私が「はい。ありがとうございます。もう、できあがりましたのでお届けにあがりました。」と言うとおタケさんは怪訝な顔をしながら、カラーを手にしてしげしげと眺めつつ「えらく早いのね。」と言った。私は「はい。手前どもは、早いのが取り柄ですので……」と答えた。

かくしてこの邸宅からは、その後、次から次へと白物、毛物の注文がどっさり来るようになった。応援してくれた職人さんともども「良かったなあ」と喜びあった。私は、ここにしても「商売と云うものは、根気よく、ねばり強く追いかければ、必ず成功する」と云うことを教えられたのであった。

新しい顧客の開拓で、もう一つ記憶に残っている件がある。神戸市の新開地と云う繁華街より少し山の手の方に川崎重工株式会社の社員寮があった。さすがに一流会社だけに立派な寮であり、自分もこのような立派な寮に入れるような人物になりたいものだと、ちとうらやましくも思った。その寮には独身の若い社員が多勢いるから、きっとクリーニングの注文があるはずだと思って飛び込みセールスをした。初めての注文をいただいた時は、「やったあ!!」と小躍りして帰り、例によって素早く仕上げてお届けするうちに次から次へとお仲間の社員の方々からご注文をいただき、私の新しい顧客層が一段と増えたのであった。

そんなある時、一番可愛がってくれた社員の方の洗濯物を店に持ち帰り、洗いに出す前にズボンのポケットの点検をしたところ、美しいカラーのハンカチと紙幣二、三枚と小銭幾つかが見つかった。

ハンカチをきれいにクリーニングし、ポケットに入れたまま忘れていたと思われる紙幣、小銭を次の機会に袋に入れて持参してお渡ししたところ、件の社員さんは、「おゝ、そうだったか。このハンカチは僕の彼女からのプレゼントだったんだよ。よかった。それにしても、ポケットの中に入っていた小銭まで、正直に持って来てくれてありがとう。夜学に通っているんだって?まあ頑張れよな」と労ってくれた。これはこれで「良いことをした」と、印象に残る一件であった。

二、神戸市立湊高等学校（夜間部）（夜学生としての生活の始まり）
高校一年三学期、高校二年一学期（昭和二十六年一月〜八月）

学校は神戸市立湊高等学校と云う、夜間部しかない学校に一年三学期から転入学した。いわゆる「夜学」で勉強することになった訳であるが、その雰囲気たるや、余り感心できなかった。昼間働いて疲れているにもかかわらず、夜間勉強すると云う姿勢には、一般の人は「えらいねえ」「よく頑張るね」と同情したり、応援の言葉をかけて下さるが、湊校の夜学生自体については私は余り良い印象を持てなかった。それは、「やる気がない」奴ばかりだったからである。と云うのは、昼間の仕事の疲れがあるとはいえ、授業中なのに、机に突っ伏してぐうぐう寝ている奴が何人もいた。それを先生は見て見ぬ振りをして注意したり、叱ったりしなかった。私としては勤労学生だからと言って、「甘ったれるんじゃないよ。ここは勉学の場所だぞ‼昼と夜は百八十度頭を切り換えて立ち向かわねばいけない」と自分に言い聞かせて毎日を過ごしていた。

三、兵庫県立港川高等学校（夜間部）
高校二年二学期、三学期（昭和二十六年九月〜二十七年三月）

高校二年の夏休みに、やる気のない学生が大半なのは神戸市立だからなのかも知れない、では兵庫県立高校に行けばもっと良い勉学の雰囲気に触れられるのではないかと考え、市立湊高校を退学して県立の港川高校（旧制神戸二中）夜間部に編入試験を受けて転校することにした。当時の学制では、同一県内で市立から県立へあるいはその逆に県立から市立へと公立高校間の転入学を認めない制度となっていた。これは公立高校内での優劣を競うことのないようにするためであったようだ。そのため、私は市立湊高等学校を高校二年の一学期で退学した上で、改めて夏休み明け頃に県立港川高等学校への編入試験を受けて首尾よく合格できたので、高校二年二学期からは県立港川高等学校の生徒として通学できることになった。

私としては、県立なら、市立よりもやる気のある学生が揃っていて、良い雰囲気で勉学にいそしめると期待していたのであるが、県立高校でも「夜学生」のほとんどが、やっぱりやる気に乏しく、「あゝ、やっぱりダメか!!」と少なからず落胆した。

他方、仕事の面では、元々、将来的にクリーニング屋になると云うことは考えていなかったので、転職を検討し、縁あって、三ノ宮駅の近くにあるガソリンスタンドのボーイとして働くことになった。日本石油のカルテックスの店で、活気のある店だった。

毎日、円管服を着て来店する車にガソリンを注入し、窓拭きをしたり、タイヤに空気を入れ、時には洗車、ワックスがけ（磨き）をする等の作業であった。この頃は未だ、外国製の車が幅をきかし、トヨタ社のトヨペット等は存在感が薄かった。外車を乗りつける顧客はどちらかと云うとちょっとお高くとまっているような雰囲気で、一言二言言葉をかけることはあっても、所詮、こちらは十代のチビさんなので、まともに話をするようなことはなかった。

ただ、先輩の社員やそのガソリンスタンドを経営する会社の社長の二男で、同志社大学を卒業したインテリ風の方には何かと目をかけていただき、ある時は、昼食をご馳走して下さり、握り寿司をいただいた。私としては初めての経験で、「世の中にこんなおいしいものもあるんだ‼」とビックリ仰天した程であった。それもそのはずで、私の父が、元々、刺身を食べない人だったので、吾が家の食事のメニューには刺身が登場することはなく、私達は寿司と言えば、母の作る、巻き寿司、ちらし寿司しか知らず、生物は口にしたことがなかったのである。

ガソリンスタンドのボーイの仕事をしながら、前述の港川高校に二年の二学期、三学期と通学したが、やはり、私としては

高校２年　ガソリンスタンドでボーイをしながらの夜学生時代

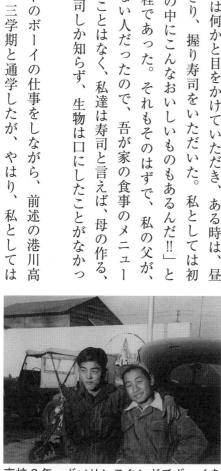

あきたらず、「これはやっぱり、神戸だから駄目なんだ。このままでは大学に行けない。そうだ東京に行こう」と決意した。

しかして、それを父に相談したら、父は、たちどころに反対した。「敗戦後のこの貧しい日本では食べて生きて行くのも大変だ。家族みんなが力を合わせていけば、何とか生き延びれるけど、バラバラになってはそれができない」とのこと……。止むなく、私は前述の父の友人の吉村の小父さんの所に相談に行き、私の思いのたけを、熱くお伝えしたところ、吉村さんの回答は明快であった。「よし、わかった。お前には相応の才能ありと俺は見抜いていた。おやじは、俺が説得する。上京して先ずはお前の描いている島を造れ。そしてそれがうまく行ったら、弟妹も呼び寄せろ」と言われた。

小父さんの傍で、小母さん（奥様）も、にこにこしながら「大変だろうけど、あなたならきっとやれると思うから、体に気をつけて頑張りなさいね」と励ましてくれた。

小母さんは東京は杉並区荻窪の出身とのことで、山の手の良家の女子そのもので容貌もさりながら、立ち居振舞、話し振りのどこをとっても上品な方だった。後年、私が弁護士になってから、神戸へ行く機会があり、吉村さんの奥様と昭美姉さんと夕食を共にした後、その日は天候がすこぶるよろしく、夜空の星がとても美しかったので、「今夜は六甲山の見晴らしのいい所で神戸の夜景を見たら素晴らしいんではないか」と云うことになり、タクシーでドライヴして登って見たら、皆が異口同音に「わあーッきれい!!」と歓声をあげた。右は須磨、明石の方から左は神戸、大阪、堺へとつながるネオン・イルミネーション、人家の灯等が様々な色を放ってキラキラと輝き、見事なものであった。井上靖は、この光景を「宝石のじゅうたん」と絶賛したとのことである。

父は、「一切援助はしないぞ」と言って、不承不承、私の申し出を了承した。

当時、神戸駅から、夜行の「銀河」号と云う新型の座り心地の良い座席の急行列車があり、私はその列車の三等車に乗り、神戸を後にし、東京へと向かった訳であるが、昭美姉と妹光代、弟建夫は共に神戸駅まで見送りに来てくれて、発車する時には「じゃあ、元気でねー」と手を振りながら声をかけ合って別れを告げた。一瞬、物淋しくもあったが一方では、「あ、本当に一人になるんだ。強くならなくちゃあ、頑張る!!」と心を引き締めた。

夜が明け、明るくなり始めた頃、車窓から美しい富士山の姿を見て、また一段と「これから新しいことが始まるんだ!!」との感慨にひたったのであった。

東京駅には継母（スマ子）の兄の北野兼道さんが迎えに来てくれていて、東横線の「第一師範」（後の「学芸大学」）駅の近くのお住居でひと先ずはお世話になりながら、新しい就職先と学校を選定することになった。奥様の北野公子さんは、明るくまた気丈な方ではあったが、私を可愛がって下さり、中華料理がお得意で、しばしば御馳走して下さった。

貧乏学生だったので、時々、手許不如意の時、お金を貸して下さったが、小母さんは「主人の弟や妹にお金を貸しても返さないことが多かった。その点、清水さんは、いつもきちんと返してくれるので信用できる」と言って何度かお世話になった。後に三人のお子さんの勉強の指導をしてさしあげる機会があり、せめてもの恩返しができたかなと思った次第である。

四、横浜市立港高等学校（夜間部）高校三年、四年（昭和二十七年四月～二十九年三月）

ともかくも上京したとは言え、自分の力で食べていける道を探すと同時に転校すべき学校を決めなければならない。

幸いにして、父の日本郵船時代の友人で早逝した桶舎さんのご長男の桶舎典男さんが、横浜の夜間高校の先生をしていられると聞いていたので、先ずは典男さんに相談することとした。桶舎典男さんは、戦時中は陸軍士官学校に行く等極めて優秀な方であった。ところが、戦後は、東大を初めとする旧帝国大学には陸軍士官学校に在籍した者は入学できないとのことで、止むを得ず典男さんは一ツ橋大学に入学され、印度哲学を勉強されたとのことであった。

とまれ、典男さんの寄宿先を訪ねることとした。当時、典男さんは東急東横線の大倉山にある国立図書館に起居しているとのことであったので訪ねてみると、館内の寒々とした大広間のような和室に通され、そこには小さな火鉢が一つあり、それで二人して暖をとりながら、典男さんは私の願いを聴いて下さった。まさに、どのようにして生計をたてつつ高校生活を送ることができるかと云う、いわば私の身の振り方全部お任せのようなまことに荷の重いご相談を持ちかけてしまったのである。

典男さんのご尽力により、運良く、横浜市中区立野（横浜国立大学のある所からや、下った処）に住居のある村上勝利さんのお宅に住込の書生として勤務することとなり、学校も横浜市立港高等学校に転入学できることになった。書生と言えば、聞こえは良いが、炊事、洗濯、掃除、家庭菜園での野菜づくり、留守番役のすべてを一人でお手伝いすると云う、いわば、書生とお手伝いさんの二役をやることになった訳であるが、昼間は比較的時間にゆとりがあり、よく勉強することができ幸いであった。村上さんのお宅の道路一つへだてた向側に、アメリカ兵の将校クラスの人物の別邸らしきものがあり、美しい女性が一人かくまわれていた。当時はこのような女性は路上で売春婦をする女とはやゝ格が上と云うことで「オンリーさん」と称されていた。

村上さんのご主人はさる小学校の校長先生とかで、奥様は津田塾大学を出て、フルブライト奨学生としてアメリカへ留学されたと云う才色兼備の方でアメリカンスクールの教師をして居られた。港高校の校舎は横浜市中区の吉濱橋の向い側にあり、昼間は中学校、そして、夜間は高等学校として夫々使用されていると言った具合であった。

有名な横浜の中華街がすぐ近くにあったが、貧乏学生だった私にとっては高嶺の花のような存在だった。

立野からは、市電の駅の数にして三～四駅の距離だったので電車賃を節約して片道約一時間位かけて徒歩で通学した。下校時頃は、腹が空くので「かりんとう」を一袋買い、これをポリポリかじりながら暗いトンネルの中を帰った。

私がひもじい想いをしているのではないか、と昭美姉は心に懸けてくれて時折小包でお菓子を送ってくれた。今にしても、姉のこの弟想いにはただただ感謝の念で一杯である。

夜学とは言え、教師陣は校長先生を初め、皆素晴らしく情熱のある良い先生ばかりであった。国語、英語、数学、理科、社会、どの科目の授業も熱っぽく、一時限があっと云う間に過ぎていく感じであった。

それもそのはずで、校長先生が人徳のある方だったので、一ツ橋大学、東京文理大（後の東京教育大学）等に在学している若い優秀な方々が日本育英会から「特別奨学生」としての、当時としてはかなり高額の奨学金をいただきながら、夜間、港高校の教師のアルバイトをしていたのである。

国語の先生は近松門左衛門と井原西鶴を特に研究していられたようで、口角泡を飛ばすが如く、語られ、自己満足的独演会の授業だった。

英語はA組とB組に分かれていてA組はやゝ高度で難しく、B組は易しいとされていたので、当然のことながら、A組は少人数、B組は多人数であった。私はA組を選択したが、人数が少ないので、授業中次から次へと何回も先生から質問され、授業中は楽しくもあるが、緊張の連続であった。

A組の担当の先生は郡司利男先生で、英語の教科書等はそこそこに片付けて、先生お得意のシェークスピアのお話となり、かの有名な「ハムレット」や、「ヴェニスの商人」「ロメオとジュリエット」「ジュリアス・シーザー」等々を日本語、英語を取り交ぜて、とうとうと語って下さった。

その時、先生が使われた言葉で、未だに私の脳裏に残っている言葉は、その一、「トウ・ビー・オア・ナッ・トゥ・ビー・ザットゥ・イズ・ザ・クエスチョン」（生き長らえるべきか、そうでないか、それが問題だ）（ハムレット）

その二、「バットッ・ブルータス・イズ・アン・オーナラブル・マン」（「ジュリアス・シーザー」の中で、「それにしてもブルータスと云う人はとても高貴な人だ」と何回も唱えてほめ殺しにするセリフ）

その三、「ナウン・エキーバレント」。これは郡司先生考案の英語の言語学的分類の一つで日本語訳は「名詞相当語句」なのである。いわば、一つの文章のように見えても、その一かたまりの文章そのものが一個の名詞と同じように使われているから、その文章は名詞相当の語句なのだ、と云う説明を郡司先生が得意気に話されていたのを七十年以上たった今でも私の脳裏に鮮明に焼きついている。

郡司先生には殊の外、可愛がっていただき、しばしば横浜から東京大塚の先生の下宿先へお訪ねし、昼食をご馳走になりながら、人生いかに生くべきかを教えていただいた。郡司先生もその当時は、そんなに裕福ではなく、体もやゝやせぎすで、ダブルの背広がダブダブのように見えた位だった。先生は私に「清水、学問とか文化と云うのはなあ、昔は生活にゆとりのある貴族がやったもんなんだ。それを貧乏人の我々がやると云うのは並大抵のことではできない。寝ていても夏は暑いし、冬は寒いのだ。どうせそんなことなら、四の五の言ってないで勉強してろと云うことだよ」と言われた。

先生は光文社のカッパブックスから「国語笑辞典」「英語笑辞典」なるものを出版され、それは爆発的に売れ、ベストセラーになった程である。その後先生は明治学院大学の教授（文学部長）になられ、久しぶりにお会いしたときは、別人と見間違いそうな程に丸々と太っていらっしゃったのでびっくりした。

郡司先生には高校卒業後も何かとご指導いただく一方、後年私も弁護士となったので、郡司先生に何かと法的アドヴァイスをしてさし上げることができ、幾ばくかの恩返しができたかな、と云う感じである。かくて郡司先生とは一生のおつき合いをさせていただいた。

また理科の生物の先生も仲〻面白い先生で、テストの問題のどこかに授業中にチラッと話したことで、生徒が余り気にも止めないで聴き流すであろうことをわざと出題して、「どうだ、やっぱり、俺のテストには勝てないだろう」とホクソ笑んでいられたようである。ところが、ある時のテストで、「キャベツの中位の葉っぱには、およそいくつ位の気孔があるとされているか？」との問いを出されたのであるが、私は、授業では例えであろうとダジャレであろうと、先生の話したことは全部、最大漏らさず雑記帳に書き留めて、それを自習の時に整理記帳する習慣を旨としていたので、先生の問いに見事に正答した。

テストについて講評された時、「この一問についてだけは、誰も正答できないだろうと思ったんだけど、清水の奴だけは、正答しやがった」とさもくやしそうに述懐されたのが記憶に残っている。

ある年、校内弁論大会があり、私も出場した。テーマは「夜学生よ、自覚と覇気を持て」と云う題で私なりに熱弁をふるった。前述のように夜学生が全般に「やる気のない集団」だったので、これに渇を入れる必要がある、勤労学徒だからと言って甘ったれるんじゃあない、と呼びかけるように、とうとうと弁じたところ第一位となった。しかし、私の熱弁を聴いて下さった先生のうちの一人が「仲々良かったけど、演題も内容も語り方も、ちょっと大時代的だったなあ」と苦笑いしながらや丶皮肉っぽく批評された。今にして考えてみると成程そのものズバリの批評だったのではなかろうか。

同級生と言っても夜学生の年齢には開きがあり、私等は最年少で、かなり歳上の山中君はアメリカ進駐軍のキャンプで通訳をしながら夜学に来ていた。当時の夜間高校生で、大学へ進学する者は数少なかったが、山中君は見事東京外国語大学の入試に合格して進学した。

三月の卒業式当日、やはり歳上の別の同級生が、最後の別れの挨拶をする頃に「清水君、君は元気でいいなあ、実は俺は明日から『サナトリュウム』に入るんだ。やっと空きができて良かったよ、ホッとしているんだ」と述懐していた。私はこれを聴いて、これから結核病の療養をすると云うのに何と云うことか?と不思議な感じがした。世の中には様々な環境の中で、人、皆夫々に努力して生きて行こうとしているんだなあ、との想いで一杯だった。

同級生の山下正雄君とは在学中はもちろんのことであるが、卒業後も親しくつき合い、同君は小学校の教師から校長になったが、一時、いわゆる「荒れる学校」の時代となり、この問題にどう対処するかが教育現場での喫緊の課題となった。山下君は横浜市下の校長会で私に講師として法的な側面からこの問題にどのように対処していくのが良いのかを話してもらいたいと要請して来た。現場での色々な問題現象を来場者から聴き出しながら、法的側面からの対処方法を何回かにわたり、解説させていただいた。

生徒、保護者、教師、ＰＴＡ活動、そして学校全体のとりまとめ役としての教頭、校長の対応のあり方について、私自身が過去において私の子供の小さい頃、小、中学校のＰＴＡ会長をした経験もあり、それなりにアドヴァイスさせていただいた。

この山下君を初め、月野和陽右夫妻、山崎君等々とは一生のおつき合いとなり、毎年十一月十一日の午前十一時（スリーイレブン）に横浜駅のすぐ近くにあるレストランに集まり、四方山話をしながら楽しく昼食をとると言った次第で、何年か続いたが、毎年のように参加者の中から一人亡くなり、二人減りとなっていくのは致し方なく、今ではこの集まりも解散と云うことになり、一抹の淋しさを感ずるのもまあ、致し方ないかなと想う昨今である。

第五節　第一次浪人時代（人生最大の試練の時）

（昭和二十九年四月～三十年三月）

一、日本学生協会でのアルバイト

高校卒業後、村上さんのお宅での書生生活にも終止符を打ち、身の振り方をどうすべきかを義兄（ツネ子姉の夫）山森正明氏に相談した。経済的・時間的・余裕のない私としては、何としてでも食べて行かねばならないし、大学へは絶対に行きたい。山森氏は広島県の山奥（島根県との県境近く）にある高校の教師をして居られたが、高校の教師をするかたわら、大学の通信教育を受けておられ、毎年八月の夏休みに上京され、スクーリング（面接授業）を受けておられた。

上京された時は、私においしいものをご馳走して下さったり、何かと面倒を見て下さった。ある年のスクーリングに上京された時、山森さんから、「今日は面白いものを見学させてあげよう。ただし、このことは女房（ツネ子姉）には内緒だよ」と言われて、何と‼浅草のストリップショーを見せて頂いた。高校生の私としては、それは、それはびっくり、ショックの大きい経験だった。

私のアルバイトについては、山森さんとしては、思い当たる節があったと見え、私を、川上勝吾氏に紹介して下さった。川上さんは広島県神石郡の出身ながら、東京で商売に成功されている方で、郷土出身の学生を初め多くの大学生をアルバイトとして雇用しているとのことであった。

川上さんの成功された商売と云うのは、地方から上京した大学生に下宿・貸間を斡旋するいわば「貸間斡旋業」なのである。しかも、公的機関であるかの如き印象を与え、かつ学生達が信用しやすいように店の名称を「日本学生協会」とし、時恰かも住宅のひっ迫している当時のことであるから、この商売は見事に成功し、特に毎年二月～三月頃は多勢の大学生が水道橋にある店に早朝から貸間の物件探しに押すな押すなの行列をなす程の盛況であった。特に午前十時、午後一時頃にその日の新規物件の発表がある時には黒山の人だかりの状況で、顧客である大学生達は、我先にと飛びついて良い物件の紹介を手に入れようと競い合った。

不動産仲介業は、仲介が成功した時は売り手（または貸し手）と買い手（または借り手）の双方から仲介手数料をいただけるのであるが、住宅事情のひっ迫しているこの時代に、貸し手の家主達から良い物件を多く提供してもらうべく、日本学生協会は貸し手からは仲介料をいただかず、借り手である学生からのみ仲介手数料をいただくと云う商売のやり方をしたので、家主としては仲介手数料を払わなくてすみ、しかも、紹介されて来る学生は、皆真面目な大学生であったので、家主連中の間でも日本学生協会は信用のおける仲介業者と評価されていた。また、借り手である学生は日本学生協会に入会金を払って協会の会員とならなければ紹介してもらえないので入会申込書に本人の住所・氏名・本籍・両親の住所氏名、出身高等学校・在学している大学の学部等々を用紙に記入して提出する手はずとなっていた。

そのようなところから会員となる学生も皆真面目なので、家主さん達も日本学生協会を信頼して下さっていた。

私の日本学生協会での仕事は様々であった。協会の宣伝用のビラはりをあちこちの電柱にベタベタと毎日やっていたある日、これを見た警察官に注意された上、始末書をとられたこともあった。

部屋探しに来た学生に物件の状況や賃貸条件を説明したり、契約書作成・署名捺印の上、現地案内をしたりと云う日々であった。

住居は高田馬場駅から歩いて五～六分の所にあった協会の寮で寝泊まりすることになった。住宅事情のひっ迫している時代のこと故、何と‼六帖の和室に七人が夫々の布団をや丶かさね合わせるようにして、敷いて寝たのである。

戦前の旧い木造家屋で、夜な夜な南京虫が柱の間からはい出して来て、眠っている吾々の手足の血を吸い、そのため、かゆいの何の、筆舌尽くしがたいものがあり、その虫をはぎとってつぶすと異様な臭いがツンと来るので、枕元に水を入れた牛乳びんを予め置いておき、かゆくてかきむしり乍ら虫をつかまえると、それを牛乳びんに入れたところ、一晩で何匹もつかまえた程であるから、朝起きた時は牛乳びんの中の水は真っ赤になっていた程である。この南京虫にかまれた痒さは、体験した人でしか理解できないだろう。

二、メリヤス問屋の主人からの教え

それにしても、まともなアルバイト先を見つけなくては、と思い、神田橋にある職業安定所（今日のハローワーク）へ赴き、職探しをした。最初は神田神保町付近にある封筒屋の様な会社を紹介されたが、今一つパッとしない雰囲気の会社だったので、これは断わり、次に浅草橋駅近くの馬喰町にあるメリヤス問屋を紹介してもらった。店の名前は確か「秋濱定吉商店」であったと思うが、訪ねてみたところ、店先には色々な種類の肌着が山積みされていて、店員はテキパキと行動しており、肌着を仕入れに来た小売店主等が次々と商品を選んで会計をして大きな風呂敷に包んで持ち帰る光景は活気溢れるものであった。「これは繁盛していい店だな」との印象を抱きつつ、店の奥の店主の坐っている所に案内され、持参した職安の紹介状と自分の履歴書を店主にお渡ししたところ、店主はそれらにサッと目を通した後、面接試験と云うことになったのであるが、店主は開口一番「ほう!!夜学の高卒かい?働きながら勉強とは立派なものだな」「それにしても、今は浪人中か?大学を目指しているのか?」と私に質問された。私が働きながらでもどうしても大学に行きたいのだと答えると、「うーん、俺も、実は早稲田大学を卒業したんだけど、ご覧の通りのメリヤス問屋の親父稼業をやっているんだ。今は『大学出たけれど…』と云う言葉が流行っている位、就職先が仲々見つからない時代だ。どうだい、大学へ行くのは止めてうちの店員になって俺がきちんと仕込んでやるから、商売人になった方が先々のためにもいいんじゃないか?どうだ?」と問いかけて来られた。言われれば、店主は見るからにインテリ風の人柄なのにそれでいて商売人らしく、しかも説得力ある話し方でぐいぐいと私をひきつけて来られた。これには、私もや、「参ったな?どうしよう?」と頭が混乱し、やっとの思いで、店主に「すみません、折角のお言葉ですが、即座には答えられません。今夜一晩考えさせて下さい。明日、ご返事させて下さい」と申し上げて、その場を辞した。折角、店主が温かい言葉をかけて下さったのに、気持ちよく返事ができず、申し訳ない気持一杯で店を後にした。

帰る道すがら、どうしたものか？と思い巡らし、中学・高校時代を通じて経験した様々なアルバイトの姿が、私の頭の中を走馬灯のように次から次へと浮かんでは消えていった。

しかし、高田馬場の下宿先に到着する頃には、頭の中はすっきり、と整理でき、「何をウロウロしているんだ。働きながら夜学で高校まで卒業したのは何のためだったんだ。大学へ行きたい、の一念でここまで来ているのに、ここで挫折するなんてことは、今までの努力を無駄にすることになる。やっぱり、初志貫徹!!大学へ行く。明日はお断わりしに行こう」と決まった。

翌日、件の店へ行き、店主に私の心情を包み隠しなく吐露してお断りしたところ、店主は、「そうか。では、まあ、山坂あるけど、自分の考えるところで頑張るっきゃないな。ところで、お前はよく、きちんと『断わり』を言いに来たなあ。大体、職安で紹介されて面接に来た奴は『一晩考えさせてくれ』等と言った奴で、きちんと断わりに来た奴はいない。みんな来ない時は『梨のつぶて』なんだ。だけど、お前はきちんと『断わり』の挨拶に来た。その処し方はよろしい。これからもそう言った身の処し方で頑張れよ。そうだ、お前も肌着は要るんだろう。持って帰れ」と言ってメリヤスの肌着をどっさりいただいた。「ありがとうございました。必ず、やり遂げます」とお礼を述べて店を辞した。

数十年たった今日でも今もって忘れられない心温まる経験であった。

三、様々なアルバイトでの学び

①バーテンダー見習い

とは云うものの食べていくには何かアルバイトもせねば、と思い、ふとしたきっかけで有楽町から数寄屋橋の方へ行った先の所の、とある高級バーで働くことになった。カウンターの奥にある流しで、客席から下げてくるカクテルグラスやコップ等々を洗う仕事を毎日夜遅くまで黙々とこなしていた。バーテンダーのチーフは、何でもAクラスの腕のいい職人とのことで、それは美事な手捌きでシェーカーを物凄いスピードで振り廻してカクテルを作って、客の舌を喜ばせていた。客と言っても当時は日本人は未だ貧しくて銀座に呑みに出かける等と云うことは縁の無い頃で、客は朝鮮戦争帰りの豪州兵が殆どだった。

件の店は、当時としては滅多にお目にかかれない高級な「ジュークボックス」があり、これに客の好みに応じて「ジャズ」や「タンゴ」「ブルース」「ワルツ」等々の曲を提供していた。

チーフは、私を殊の外、可愛がってくれて、いろいろなカクテルを作るごとに味見をさせてくれた上、手隙の時は、カクテルの調合の仕方や、シェーカーの振り方まで、優しく教えてくれた。その上、「お前、手つきもいいし、頭もよさそうだから、練習すれば、いいバーテンダーに成れるぞ。どうだ、大学へ行くなんてやめて、俺が仕込んでやるからバーテンダーにならないか？」とここでもまたしても「大学じゃないよ、仕事だよ。バーテンダーになれ」と、口説かれた。私は「ありがとうございます」と言いながら、「これは参ったな、ボヤボヤしていると夜の銀座のバーテンダーになってしまうかもしれない」と、このアルバイトも長く続けてはいけないな、と思い始めていた。

ある晩、客の入りがよく、次から次へとカクテルの注文が入り、忙しくしていたら、カクテルの氷の上に乗せる「チェリー」（さくらんぼ）が底をついてしまった。

チーフが「おい、清水。チェリー」と命じられた時、私がチーフに小声で「もうチェリーが品切れになってしまったんです!!」と言ったら、チーフは「ゴミ箱の中に手を突っ込んで見ろ、早い時間に返って来た呑みかけの分のチェリーがあるはずだから、探してみろ」とのこと…。私は「ええ?」と驚いたが、すぐさま、ごみバケツに手を突っ込んだ。先に捨てたチェリーを五、六個拾い出し、きれいな水で洗い、チーフに渡し、チーフは何食わぬ顔をして、客に出すカクテルの上に今の洗い出したチェリーをのっけて「はい、マンハッタン」と威勢よく差し出していた。

私は、ごみとして一旦、捨てたチェリーをまた使うことに驚くとともに、「水商売と云うものはこれでなきゃあいけないのかな?」と変に感心すると共に、「そう言えば、山本有三の小説『路傍の石』か何かで、そば屋が客席から戻って来たそば汁の残りを他の汁と混ぜて二度三度使うので少年がびっくりすると云う場面があったが、あれと同じだ」と思った。

②サンドイッチマン

ところで当時は下宿の同室の者達も、皆、貧しく、何らかのアルバイトをしていたと云うものの、さしたる収入にもならず、「何かもっと収入の多いアルバイトを探そうよ」と同室の一人と「サンドイッチマンがいいんじゃないか？」と話し合い、吾々をサンドイッチマンとして雇ってくれそうな店を探そうよ、と云うことになり、候補先として「映画館がいいんじゃないか？」と二人の意見は一致し、早速下宿先から近い所として池袋、上野あたりの映画館を軒並み飛び込みセールスをして「サンドイッチマンを使いませんか？」と声をかけたが、反応はさっぱりだった。二人は「やっぱり、池袋や上野じゃあ駄目なんだ。銀座へ行こう」と銀座四丁目の交叉点まで行き、そこでプラカードを捧げているサンドイッチマンに「サンドイッチマンを雇ってくれる店はないかね？」とたずねたら、その男は、「あゝ銀座はねえ、全部、『チャップリン』と云うおやじさんがとり仕切っているから、彼に相談するのがいいよ。彼はチャップリンの恰好をしてプラカードを持ってそこら辺を歩いているからすぐに分かるよ」と丁寧に教えてくれた。

果たせるかな、そこら辺をうろうろと五、六分歩いて探しているうちにまさにチャップリン風の装いをした銀座のチャップリンに行き逢った。

彼はコールマンひげをつけて黒のモーニング服を着て蝶ネクタイをして黒のシルクハットをかぶり、つま先のちょっと跳ね上がった黒靴をはいて杖をついて、まさに本物の「チャップリン」そっくりだった。

私達二人は、「銀座でサンドイッチマンをやりたいのだが？……」と問いかけたところ、「あゝ、丁度いいのがあるよ」と気さくに答えてくれて、私には不二越ビルの近くにある「ムービーギンザ」

と云う地下一階にある小さな映画館のサンドイッチマンをするように手配してくれて、今日からすぐやれ、とのことで、私は「ムービーギンザ」のプラカードを掲げて不二越ビルの角の晴海通り沿いの所に立ちんぼをすることになったのである。勤務条件は午前十一時から夕方、午后五時までで、手当は一日当たり二百五十円で、日々現金で払ってくれるとのことであった。貧乏学生の私としては日銭が入ると云うことは言葉に言い表わせない位、ありがたかった。

かくして毎日、定められた所にプラカードを掲げて突っ立つことになったものの、初めの内は人に見られるのが、何となくはずかしく、プラカードで自分の顔を隠すようにしていた。ところが、考えてみると道行く人は誰一人として私に面識のある人はいないし、第一、道行く人はプラカードは見ても、それをかかげている私には何の関心もないんだ、と云うことに気付き、ものの三十分もたたないうちに顔を隠すことはせず、プラカードを高々と掲げて、逆に道行く人の状況を観察する位になった。とは言え、動き回らないでじっと立ち続けるのも却ってしんどいものであった。

二週間程過ぎると、件のチャップリンが私の所に立ち寄り、「学生さん、あんた真面目だねえ。大抵の学生は途中でプラカードをおろしたり、エスケープしたりしてごまかすんだけど、あんたは、きちんと決められた所から動かないでプラカードを掲げて立っている。よろしい。もっと条件の良い店を紹介しよう」と提案してくれて、数寄屋橋の交叉点から銀座四丁目交叉点方向に行った一本裏通りにある「牡丹園」と云う中華料理店を紹介してくれた。

勤務条件は草色のロングの支那服を着て支那靴をはき頭にはまん丸いや丶黄色味がかったやはり

草色の帽子をかぶって、「牡丹園」のプラカードをかかげ、時折、店のある場所の方向へ指差しをする、と云うもので午前十一時から夕方午后六時までで昼一食付きで給料は日銭で何と!!七百円払ってくれるとのこと。従前の三倍近くである。この頃には支那服を着ようが何の抵抗感もなく、このサンドイッチマンを真面目に毎日勤めあげていたところ、日ならずしてまたしても件のチャップリンが私の所に来て、「あんた、本当に真面目だね。お店はお客さんが増えたと言って喜んでいたよ。ところで、あんた、英語はしゃべれないかなあ。いい仕事があるんだけど……」と新たな仕事の話を持ちかけて来た。

③バーの客引き

私は、「学校での英語の勉強だから、実用的な英会話となると余り自信がない」と返事したところ、チャップリン氏は「でも片言でもしゃべればいいよ。どうせアメリカ軍の兵隊達だから、そんなに高級な話をする訳でもないから、まあ、やって見ろ」と言って、牡丹園のすぐ近くのやゝ薄暗い路地を入った所にある「ノクターン」と云う小さなバーの「客引き」の仕事を紹介してくれた。韓国人の経営する店で、何となく暗いイメージで感心しなかったが、私なりに努力し、そこそこに客を誘っていくことができた。ところが二週間程たったら又又チャップリン氏が来て、「学生さん、あんた、本当に腕がいいね。もっといい店を紹介するよ。」「銀馬車」と云うナイトクラブの「客引き」の仕事を提案して来た。「銀馬車」は数寄屋橋の交叉点を過ぎて一本目の道を左へ三分位歩いて行った所にある超一流とまではいかないが、まずまずの雰囲気のナイトクラブであった。

　当時、アメリカ兵達は朝鮮戦争に駆り出されて、その任務を終えて本国に帰る前に東京でしっかり遊んで帰るのが一般的傾向だった。

　私の活動できる範囲（いわば、その道での「縄張り」の場所）は数寄屋橋の橋の中間位から銀座四丁目の方へ外堀通りを越えて一本目の道までの路上の僅かな場所で、ここでうまく顧客をキャッチしなければならない。

昭和29年夏　銀馬車ナイトクラブにて

　日比谷または、有楽町方向から二〜三人連れでアメリカ兵が楽しそうにしゃべりながら歩いて来るのを見つけるや素早く、「ヘイ!!テイク・ァ・ルック。プリティーガール？」と声をかけて、米兵が興味を示したら「銀馬車」まで道案内をして連れて行くのであった。
　声をかけるタイミングと興味をそそるように話しかけることが大切で、アメリカ兵達は、自分の行きつけのバーやクラブがある訳はないので、私の誘いに快く応じてついて来てくれた。
　ところで、銀馬車での私の働きに対して支払われる報酬は、一日（夕方五時から午後十一時までの六時間）五百円の固定給と、連れて行った客の最初に注文するビールやウイスキー等の呑物の本数に、一本当り五十円の歩合給が支払われると云うものであった。従って、仮に若し、その日に合計三十人の客を連れて行き、最初のオーダーの合計が二十杯であったとすると私に支払われる手当は固定給の五百円に、五十円の二十倍（千円）がプラスされ、合計の千五百円となるのであった。この支払方法は、私のやる気を掻きたてるのに充分な効果があり、私は毎晩夢中になって「客引き」業をした。その効果があって、「銀馬車」は盛況となり、私の収入もケタ違いに増えて行った。当時の高卒の初月給は、せいぜい三千五百円とか四千円と言われていたのに、私は一晩か二晩でその程度の収入を得ていたのである。結局、浪人の年の夏から秋口までの四か月程の僅かな期間に二十万円もの貯金ができた。

④カゴ抜け詐欺被害で転機

ところが、「好事、魔多し」と言われるように、私が調子に乗って、日々稼いでいる姿を捉えて、銀座でいかがわしい仕事をしている余り風態の良くない若い男が私に接近して来て、「君、景気良さそうだねえ。ものは相談なんだけど、今、滅多に手に入らないスイス製の最高級の腕時計「オメガ」が二個位手に入るんだけど、二つで四万円だ。君、買わないかい？」と持ちかけて来た。よせばいいのに、前述のように懐に余裕もあったので、「じゃあ、買うよ」と返事して、三日後に商品は届くと云うので手付金として半金の二万円をその男に交付した。

しかし、その男は三日はおろか、五日経っても一週間たっても姿をあらわさなかった。おかしいぞ？と半信半疑の落ち着かない日々を過ごしていたら二週間位たった頃、件の男は平然として銀座に現れた。私が「時計はどうした?」と問い詰めると、「あの金は使っちゃったよ。オメガの時計なんか無いよ。あったらヤバイ位だよ」と逆に私を脅しにかかった。私が「金を返せ」と迫ったら、「返す金なんか、ある訳ないじゃないか。そう言えば、俺、愛用していた上等のセーターを質屋に入れて金を借りていたんだ。ここに質札があるから、これでその質屋からそのセーターを受け出して来てくれよ。勿論、受け出す金より、セーターの方がずっと高価なんだから、君にあげるよ」とのこと。あきれてものも言えない、と云う状況だった。それにしても、何とかせねば、と思い、その質札を持って質屋に向かった。質屋は浅草は山谷のドヤ街のはずれにあった。そのような所へは、ついぞ往った経験が無かったので、山谷のドヤ街の暗くて陰うつな異様な雰囲気に私は圧倒されて、声も出なかった。質ぐさを受け出して早々に引き揚げて下宿に帰ったのであるが、「悪」の世界に引きずり込まれようとしている自分は今まさに恐ろしい所へ足を踏み込んでしまったのだ。これは早く、ここから脱却しなければいけない、とハタと気づいた。

幸い、未だ、貯金も相応に残っていたので、この一件を契機としてピタリと銀座のアルバイトを止め、秋も終わりに近づく頃だったので、翌年の大学受験のための勉強に没頭した。

見方を替えれば、このカゴ抜け詐欺のお陰で、私は、なり振りかまわぬ儲け第一主義の世界から足を洗うことができ、本来の真面目な学生に立ち帰ることができたと言えよう。今、もし、この被害を受けること無かりせば、私は、銀座で金の亡者となっていたかも知れない。

私に反省の機会を与えて目を醒ましてくれた一事であったとも言えよう。まさに「禍い転じて福」

となったとも言える転機であった。

十一月から二月初めまでの三カ月半はアルバイトを全くせず受験勉強一本に全力を集中したので中央大学法学部政治学科に合格することができたのであるが、喜びの感よりも、やっぱり二浪してでも東大をもう一回受験したい気持ちの方が強かった。そこで、如何したものかと日本学生協会の川上勝吾氏に相談したところ、川上氏は「清水君、東大一本槍もいいけれど、世の中は東大卒の人だけで廻っているのではないよ。東大卒でなくても立派な人は一杯いる。いや、むしろ東大卒でない人の方が多いんだよ。そもそも、一般の学生は中大の法学部に入りたいと思っても入れないで、止むなく、他の大学へ行ったりしているんだよ‼中大法学部に合格しながら、それを振り切って二浪して東大を受験すると云うのは、ぜいたく過ぎるよ。君、大学生全体の平均的学力では、東大の方が中大よりも上だと云うことはできるかもしれないが、東大の一番の優等生と中大の一番の優等生を比べて、どちらが上かはわからないよ。折角、中大法学部に合格したんだから、先ずは中大に入学してそして中大の一番の優等生を目指したらいいんじゃない？」と言って私を説得して下さった。

私としては未だ、気持ちがすっきりしないので、山森の義兄に相談したら、「まあ、とにかく中大の入学手続きだけはしておいて、その上で、『大学生活に入るか』それとももう一年『受験勉強するか』のどれを選ぶかをじっくり検討してごらん？」とのこと。

しかし、私の気持ちとしては、二浪して再度東大を受験するか、中大に入るかについて決め難く、中大への入学手続きだけはしたものの、その足で駿台予備校の入学案内書を取りに行った。しかし、私は働きながらの勉強なので大学への合格率の高い午前部や午后部に行くことはできず、そのため、合格率の低い夜間部での受験勉強では、二浪後必ず東大入試に合格できる保障はない。

どうしたものかと三月、四月の二カ月間は迷いに迷っていた。

第六節　大学生時代（青春謳歌時代）

（昭和三十年四月～三十四年三月）

一、大学の自由な雰囲気

それにしても、大枚な入学金を払ったのだから、大学ってどんな所か、ちょいと覗いて見よう、と云う気になり、新学期が始まると、中大に行き、先ずは履修届けを済ませてから学内を散策したり、図書館に行ってみたり、いくつかの講義を聴講する等してみた。

高校のつめ込み式の授業とは異なり、大学の講義の時間は開放的で自由そのものと云った雰囲気に、「オヤ?」と驚き、魅力を感じ、いつしか二浪して、またぞろ受験勉強をする等と云う気はなくなっていた。

ところで、当時の中央大学の校舎は交通の便の良い中央線の「お茶の水」駅から神田方面へ少し下ったニコライ堂の近くにあった。校舎に囲まれて猫の額のような中庭があり、学問を追い求めるアカデミズムの雰囲気等とはおよそ縁遠い殺風景なる施設であった。二百人も入れるような大教室、入学定員の二倍~三倍もの学生を受け入れ、マスプロ教育そのものの授業であった。

正規の入学手続の期限を過ぎても、まだ入学手続を受け付けているのを知り、怪訝に思い、調べてみると、正規の試験で合格できなかった者でも、それなりの点数をとっていれば寄付金を所定額払えば、入学させてもらえるとのことであった。道理で、定員の二倍、三倍の学生がいるんだと云うことがわかった。

大学一~二年は一般教養課程で、法律を学ぶ以前に、高等教育を受けた者にふさわしい、幅広い一般教養を身に付けるようにとの趣旨であったようであるが、授業内容の実体はお粗末そのもので、高等学校よりもレベルがはるかに低いと思われるような授業ばかりで、その年に、一課目でも二課目でも興味をそそる授業があれば、それはめっけものと言った具合であった。

このような状況から、「あぁ、大学というところは教えてもらうところではなくて、自分で研究する、自習するところだ」と悟り、つまらない授業はサボる、特に出欠をとらない大半の授業は興味があるとか、良い講師の話は聴くとしてまた、体育講義、体育実技、語学（英・仏）、これだけは出欠をとるのできちんと出席し、空いた時間を有効利用すべく、三年生、四年生の専門科目や、他学部あるいは他大学の講義も、聴講させてもらうことに決め、明治大学や早稲田大学、日本大学にまで足を運んだ。

当時は、「大学は出たけれど……」と一般に言われていた程、大学卒業後の就職先探しが大変な不況の時代であった。

そのようなところから、「デモ・シカ先生」であってもいい、せめて教員になれる資格だけはとっておいた方が無難と考え、一年の時から、「教育原理」「教育方法」「青年心理学」等の課目の履修届けをし、授業を受けた。

教職課程の授業は一年生から四年生までが選択し得るので、マスプロ教育そのもので、一番大きい教室に溢れる程の学生が聴講に来ていた。しかし、多勢の学生がひしめき合うのは授業の始まりの一～二回までで出席を点呼すると云うことはないのでその後は、がくんと聴講する学生は減り、教授もそれを見て「うん。これでいいんだ。みんな前の方に来て。やっと大学らしい授業ができそうだな」と頷いておられた。

私はその光景を見て、またぞろ商売根性が動き出し、先生の講義内容は細大漏らさず、雑記帳に書き溜め、それを整理し、前期の終わりの九月末頃に「青年心理学赤塚先生講義ノート集（上）」としてガリ版刷りをして販売することにした。

駿河台のゴシック建築の大講堂の入り口附近の路上に手頃なりんご箱を置き、これに「青年心理学赤塚先生講義ノート集（上）」と云う大見出しの紙を貼り付けて売り出したところ、あっと云う間に完売できた。売り値は学生が買い易いように、一部五十円では抵抗感があると思って四十円にしたのも売れ行きを良くしたのである。

中央大学入学。待望の角帽

この売上金でやっと大学の学費一年分全部を納めることができ、なお余剰があったので待望の角帽を購入し、教科書を全部揃えることができた。この角帽を被った時は、余程、嬉しかったと見え、この角帽を被ってゴチック建築の講堂の前で撮った写真が今も手元にある位である。

アルバイトは日本学生協会での学生への貸間斡旋で、新たに渋谷支店を青山学院大学のすぐそばに出店したので、この支店の営業活動を私と江草利幸君でやることになった。

場所が場所だけに青山学院大学、実践女子大学等々の美しい女子大学生のお客さんが多く、店の雰囲気は開店当初から華やかで、おしゃべりをしたくて毎日、何と云うあてもなく訪れる女子大学生もいて、特に羽仁進、説子の主宰する自由学園の一人の女子大学生は、その最たるものだった。

毎日のようにこれと云う目的もなく、ただブラッと来て、私と江草君の仕事振りをじっと眺めていたり、あるいは三人で、とりとめもないダベリングをしたものであった。

共にアルバイトをした江草利幸君と

江草君は、明治大学の商学部を卒業し、その後就職するに当たっては、誰しも、一流企業に採用してもらい、安穏な生活を望むところであるが彼は、これから伸びていく企業で、当該企業と苦楽を共にしながら共に成長したい、との情熱から敢えて、「中小企業投資育成会社」と指定されていた、将に、これからの日本を背負って立つ企業として「オイレス工業株式会社」に就職した。彼の選択は正しく、オイレスは成長し、江草君は広島支店長、大阪支店長、そして最後は代表取締役社長となり、オイレス工業株式会社を一部上場の立派な会社に仕上げた。その裏には、岸園司さんと云う、立派な先輩の後押しがあった。

ところで、私は中大に入学したものの、中大の授業は一般教養課目の授業が高校以下のお粗末極まりないものだったので、三年生、四年生の授業にまぎれ込んで、法律のやゝ高度な講義を聴いて廻った。

当時の中大は、東大、一橋大、慶応大、早稲田大、明大等から有名教授がオンパレードと言いたくなる程講師として来校され、情熱のこもった名講義をされていた。

尾高朝雄教授の法学概論、宮沢俊義教授の憲法、鈴木竹雄教授の手形小切手法、原田鋼教授の政治学原論、蝋山政道教授と辻清明教授による行政学、峯村光郎教授の法哲学や、経済法等々は、聴講する学生を魅了するに充分な名講義そのものであった。

選択課目の中では、一般の学生が余り興味を示さない「社会学」や「保険法」に興味をもって選択したので、ただの一時限も欠かすことなく授業を受けた。「社会学」については、「法律」「経済」「政治」のいずれの専門分野にも共通した下地としてなくてはならない「社会」そのものと云うものが存在していると云うことを遺憾なく教えられた。

また、「保険法」については、私なりに、これからの世の中では保険制度が重要な役割を果たすことになるのではないかと考え、勉強したが、この選択は正しかった。後年、弁護士となった私の仕事上も保険法の勉強の成果は大きくプラスになった。

二、寿司屋の出前持ちのアルバイト

大学二年の年の暮れ頃、日本学生協会でのアルバイトをしていたところ、貸間の斡旋ではなく、正月三が日に寿司屋の出前持ちをしてくれるバイト学生はいないか、との問い合わせが入った。電話口に出た同僚は「いやあー暮も押し詰まって学生達はもう郷里へ帰ったりして東京にはいませんよ」とにべもなく断ろうとしていたのを傍らで聞いて、同僚に「アルバイト賃はいくらなのか尋ねてくれ、いいギャラ出すんなら俺、正月三が日働いてもいいよ」と言った。同僚はすぐさま、「正月三が日だから、相当にいいアルバイト料を払わないと人は見つからないな。一体、一日いくら払うの？」と問い合わせてくれた。寿司屋は「通常は、一日三百円くらいだと思うけど、正月三が日だから奮発して一日五百円でどうかな？」との返事がきた。私は同僚に「もっと釣り上げろ‼」と手で合図をしたら、同僚は「いやあ、そんなもんじゃあだめだね、もっとアルバイト料を奮発すると云うなら、本気で探すけど…」と交渉してくれて、結局一日七百円というので、私は同僚に指先を丸くして、「ＯＫ」をした。

かくして大学二年の終り頃の正月三が日は池袋の要町にある「金寿司」という寿司屋の出前持ちのアルバイトをすることになった。

寿司屋からあてがわれた法被《ハッピ》を着て日本手拭のねじり鉢巻きをして、おかもちを持って威勢よく寿司屋の出前をし、客の所へ着くや、「へい、おめでとうございます。金寿司でございます、寿司をお届けに上がりました‼」と声をかけると、顧客から「おや、金寿司さん‼なかなか元気のいい店員さんが入ったね」等とほめられ、仕事は気持ちよくでき、三が日はあっという間に過ぎてしまった。すると、金寿司のご主人が「学生さん、あんたは、商売人気質満点だよ。お客さんの評判がすこぶるいいんだよ。どうだい、あと二日間、四日と五日、これは三が日ではないから、一日五百円で出前持ちをしてくれないかな？」と言われたが、私にも予定があったので、この申し出はお断わりした。やはり、中学生時代の豆腐売りや、高校時代のクリーニング屋の小僧の経験が遺憾なく生かされたのであった。

その年の元日は友人と一緒に成田山に初詣でをすることになっていたので、暮の大晦日の夜から、京成電車で成田に行った。ぎゅうぎゅうすし詰めの電車で、しかも乗客の中には酒臭い者や、大声でしゃべりまくる者がいる等して初詣でらしい雰囲気は微塵もなく、成田駅に着いてからも、前後の人に押されながらのノロノロ歩きで、成田神社のお賽銭箱に金をほうり込んでお参りをしたあとは「もう、成田山はこりごりだ」等と思いながら帰りの電車に乗ったのであるが、徹夜して一睡もせずに、そのまま「金寿司」に行った。

成田山は開運の神様と伺っていたが、この初詣では余り印象は良くなかった。ところが、後年、振り返って見ると、まさにこの年から私の運は開け、その年の六月から始めた雪ヶ谷ゼミナールの学習塾が大当りとなり経済的にゆとりができただけでなく、その後の国家試験に次々合格する等して運が開け、何よりも、成田山が私に与えてくれた最高のものは何と言っても現在の最愛の妻、「由美子」とこの年に初めて出逢えたことであった。

三、雪ケ谷ゼミナール

①家庭教師第一号「中村祐吉君」

大学二年の終わり頃（昭和三十二年三月頃）のある日、寮の飯炊きの小母さんの紹介で、腰のやや曲がった人の良さそうなお婆さんが訪ねて来られた。

聴けば、八人の子を産み、もうみんな成人に達する子もいる中で、九人目の子を高齢にもかかわらず産んだが、その子は文字通りの末っ子であるのと同時に歳も離れているので、みんながチヤホヤと甘やかして育てたため、遊びほうけてろくすっぽ勉強しない。宿題もやらないので、成績は最低で、通信簿は五段階評価の「一」と「二」ばかりで、僅かに、「三」があればいい方で、「四」は覚束ない状況とのこと。小学校だけは「一」と「二」でもなんとか卒業させてもらえそうだけれども、この先、中学に行って、まともにみんなについて行って、卒業できるのか、とても心配だ。どんなに尻っぺたでもいいから、皆の後からでも何とかついて行って、義務教育の中学だけは絶対に卒業させてやりたいので、何とか家庭教師をお願いしたいと懇願して来られた。

見れば、本当に通信簿は「一」と「二」のオンパレードで「三」はチラホラという状況。とにかくも、「ご本人と会って話をしてみましょう」ということで、翌日、歳とったそのお母さんは本人を伴って来た。小柄なひ弱な少年と受け止めた。中村祐吉君の登場である。二言、三言話しているうちに、「素直な子だな。ただ末っ子でお姉ちゃん達に頭があがらず、家の中では、甘やかされているものの、皆の監視の中で自由が無く、伸び伸びとした環境に無いのでは」と思いつつ、下宿のすぐ近くなので、住居を訪ねてみた。予想通り、大家族の中で、一人静かに勉強等できる雰囲気ではなく、むしろ、昭和三十年代に入って、やっと日本中が経済的に上向きがかってきた頃なので、家中、みんなで「稼ぐに追いつく貧乏なし」の心構えで、お姉さん達はバスガールをする等して稼いでいるとのこと。私は、この家の中で勉強を指導することは困難と判断し、私の下宿に呼んでそこで指導することにした。

全教科にわたって万遍なく教えるのは、効果が薄いと考え、まずは本人に自信をつけることが大切と考えて、中学一年の一学期は、他の教科は宿題をある程度指導するに止め、英語の勉学に時間のほとんどを投入した。その理由は、英語については小学校六年間は無く、中学に入って、初めて登場した科目であるから、スタートラインは同級生全員、零からに等しい。スタートラインが同じということは、努力すれば人より先んじ、優位な立場に立ち、自信をつけることができると判断したからだ。

最初の教え子　中村祐吉君

作戦は見事に成功した。アルファベットから始まり「ジャック」アンド「ベティ」の教科書を丸暗記する程、何度も朗読させる等しているうちに本人も自信を持つようになり、一学期の成績は、英語だけは「四」であった。「二」と「三」ばかりの中で一際光る「四」であった。

本人もお母さんも目を輝かせて喜び、勉強への意欲が湧くようになった。

英語に続いて焦点を置いたのは国語だった。何故ならばあらゆる学問の中心は国語で、国語ができなければ、他のどの教科も良くならない。話し言葉も、書き言葉も国語が基本であるからだ。ただ、得てして学校の国語の授業は、生徒達が楽しくなるような授業をしていない。漢字、熟語、その他暗記が中心で、無味乾燥で小学生で、国語が好きな人は少ない。日本の国語授業のあり方は、根本から考え直す必要がある。

それは家庭教育にも責任の一端がある。二～三才から絵本や童話に親しむ、家庭的雰囲気が必要なのに、これが無い。

夕ご飯の終わった後、みんなが額を寄せ合って、童話の本をのぞき込みながら読むという家庭が今日、どれだけあるだろうか。テレビはその大敵である。

テレビを見る世界では心の奥深い創造性は生まれてこない。受け身の文化であって、自分で考える能動的世界ではないからだ。

中村君の成績は一年二学期で国語を「四」にし、二年の一学期では、代数が初めて登場するので一年三月の春休みから代数を教えたので、一学期の成績で、早々と数学も「四」になった。

私の中村君に対する学習指導の見事な勝利となった。そして、見事都立高校に入学、卒業した後日本国内航空のディスパッチャーになる等して立派な社会人となり、私としてはこの上なき喜びとなったのである。

②雪ヶ谷ゼミナール（塾）開業

話は前後するが、中村君を教え始めて二～三カ月後、私は高田馬場の安い下宿から大田区の雪が谷大塚に引っ越すことになった。

大学二年目にして、日々の生活のあり方にマンネリと限界を感ずると共に、周りの人間の大半が惰性で通学、アルバイトをしているだけで、向上心は薄く、日本学生協会で働いている者のほとんどが、競争心に欠けていて、このままではどうという取り得のない大学卒になってしまいそうなイラダチを感じ始めていた。

今のままでは自分も埋没してしまうと危機感を抱き、日本学生協会から脱却し、新たな世界へ進もうと決断し、さて、何をしようかと考えた時、受験戦争のこの時流に乗るのが一番良いと考え、時に中村君を教え始めて、小中学生に勉強を教えるということは、大学生になってから、もう一度、小中学生の勉強をし直す副産物の恵みのあることを知り、一方当時の世間では、大学受験用の予備校が流行で、受験産業が脚光を浴びていることはもちろんのことであるが、戦後ようやく、経済の活性化と共に教育に対する世間の感心が高まり、中学生の都立高校入試戦争も取り沙汰されるようになっていた。そこで、小・中学生を対象とする「塾」を開くのが、収入と生き甲斐の双方にプラスすると判断して、司法試験を目指して勉強していた同じ寮生で中大の一年先輩になる本神義彰君を誘って、イチかバチかの大勝負をやってみることを決断した。

例年、日本育英会の新年度の奨学金が、四月、五月の二カ月分が、一カ月遅れで一括して支給されるので、その二カ月分の奨学金と私の学生服、本神君の唯一の背広服を戸塚二丁目の質屋に持って行き、借金をした。軍資金はかき集めて五～六千円になった。

そこで二人して、塾を経営することを了承してくれる「住居」を捜した。

ねらい目の場所は、世田谷区・大田区・目黒区近辺に焦点を合わせた。

この地域を選んだのには理由があって、日本学生協会のアルバイトをして都内の家庭や住民の意識について、私達なりの情報を得ていて、一般的に言って経済的なゆとりがあって、小さなことにこだわらず、鷹揚な家主さんは前述の地域の人達であるということを知っていたことと、これらの地域はまた、教育熱心な家庭が多いということもわかっていた。

そこで、二人して最初は世田谷方面を中心に物件を捜したが、適当なものが無く、目黒区へ行き、大田区へと足を延ばした。

かくてたどり着いたのが、大田区雪ヶ谷の栗田さんのお宅であった。

池上線の雪が谷大塚の駅から歩いて三分という場所なのに閑静なしっとりとした住宅街の中にあった。一階に六畳と八畳の続き間がやや離れ風に廊下伝いで庭につき出ていて、塾として使うには最適の物件であった。

小柄な人懐っこい感じのいい奥様で、「どうぞ、どうぞ」と部屋を案内して下さり、塾の話をしたら、「ええ、都立高の受験でうちの長男も中三で大変なんですよ」と聞いた。

本神君と思わず顔を見合わせてニンマリ…「よし、ここに決めた」と決断し、六月十五日からお借りすることにして、半月分金三千円の家賃を前払いした。

住居と塾を開く場所は決まっても、肝心の生徒が集まらなくては食べてはいけない。月六千円の家賃に二人の食費一日五百円、月一万五千円としても合わせて月最低二万一千円以上の収入がなくてはやっていけない。

塾生の月謝は、家庭教師代よりは安く、かと言って一度に多勢を教えるソロバン塾より高くと考え、左記の「チラシ」のように取り決めた。

〝グループ式の家庭教師を始めました〟

御家庭のお父様お母様方…

お子様の御教育につきましては、日夜、御腐心のことと存じます。

この度私達は大学生活の余暇を最大限に利用して次のようなグループ式の家庭教師を始めることに致しました。

左記規定御熟読の上お子様御同伴で一度御来会下さい。

記

一、本会は従来の私塾とは本質的に相違し、少人数に十分な指導をすることを目的とします。
一、毎週（隔日で）一日二時間を原則とします。
一、小学校上級生及び中学生を対象とします。
一、原則として三～四人のグループ式としますが、御希望により個人教授及び出張指導致します。
一、月謝は次の通りです。
　一人専従の場合　　　一ヶ月二三〇〇円
　二人一組の場合（一人）一ヶ月一二〇〇円
　三人一組の場合（一人）一ヶ月八〇〇円
　五人一組の場合（一人）一ヶ月三〇〇円
　（事情により二回分納も可）
一、定員は十名前後とし定員に達し次第不本意ながら締め切らせて頂きます。
　従って、御希望の方は早目にお申込み下さい。
一、当会は中央大学法学部学生で組織し、誠実本意に責任ある指導を致します。
（御参考の為に六月二十日より三十日迄は無料にて御指導致します）
　大田区雪ケ谷ゼミナール
　（雪が谷大塚駅から二分たからや質店近く）

狙いとしては同じ学校の生徒が二人一組、または三人一組で来てもらいたいと思ったが、結果はバラバラであった。

塾生を集めるには、新聞の折込広告が一番効果的と考えた。しかも、チラシを入れる日は、日曜日の朝刊がいい。何故ならば、日曜の朝ならば、お父さんもお母さんも、みんなゆっくり新聞に目を通し、折込広告までに目を通す時間的余裕があると見通したからである。

朝日・毎日・読売の三紙の販売店に行き、各紙に、前述の印刷ずりのチラシを各千部ずつ折り込んでくれるようお願いした。

この作戦は見事に的中したと見え、この折込広告のチラシが、後日、必要になるかも？と思って、とにかく取り置きしておいて、後日、このチラシの地図をたどって訪ねてこられた父兄が何人もいたのである。

チラシ・折込広告はそれなりに宣伝の効果を発揮してくれたのだが、中々即効性とはいかなかった。日曜の当日、朝から本神君と二人で、取らぬ狸の皮算用よろしく、「本神君、昼から夕方にかけてどっと押し寄せてきたらどうする？」「何言ってんだよ。そんなに来やしないよ。来ればいいけどどうかなー」本神君は慎重派で、不安そうだった。

私の方は、新しい事業を始めることの期待感でややはしゃぎ気味であった。

二人して首を長くして待っていたけれども、午前中は誰も来なかった。「本神君、やっぱり日曜はみんな朝寝坊しているんだな。昼頃やっと起きて来て、さて、朝メシ、(昼食も兼ねて)なんてことになって、それからゆっくり新聞に目を通し、折込広告にもチラッと目をやる、そこでオヤッと思って、我々のチラシに目をやり、そう言えば、うちの中三の息子も来年の都立高校受験対策をしなくちゃいけないなあ、なんてことになって、チラシを見ながら、一しきり、受験の話をし、朝メシ、昼メシの終った午後一時か二時頃から訪ねて来るんじゃないの」等と言って今来るか今来るかと待っていたら一人のお母さんがチラシを手にして訪ねて来られた。時に午後三時頃であった。「あのう、うちの子はまだ小学校二年生でこちらの塾生の年齢よりずっと下なんですけども、五人一組の中の一人に入れていただいて、勉強の仕方を教えてやっていただけませんか?」とのこと…「あゝ、小学校低学年の人でもいいです。何とかします。では五人一組の内の一人ということで、明日からでもおいで下さい。時限は三時半、五時半、七時半から、いずれかの二時間です」とお答えした。松永茂樹君が、雪ヶ谷ゼミナール新入生第一号となった。

そうこうしているうちに、私立の名門校麻布中学二年生の白木君がお母さんに連れられてきた。頭の良さそうな少年とお見受けした。こちらは、二人一組の方を希望され、続いて区立田園調布中学三年生の長野君がお姉さんに連れられてきた。「来年の都立高校入試を目指してよろしくご指導下さい。二人一組の方でお願いします」とのこと。

本神君と「やっぱりチラシ広告作戦は当たったぞ。これから夜にかけて続々来るんじゃないかな」

と期待していたが、その日は三人でおしまいになり、二人は期待はずれで、やや力を落として、早々と夕ご飯にした。

六月半ばから部屋を借りたが、月末近くなっても、生徒は集まらず、月六千円の家賃分ぐらいの収入にしかならず、二人の食費や学費、被服費などにはとても届かなかった。

本神君は弱気でいたが、私は「まだ宣伝が足りないからだよ。昼間部の大学へ行きながらまともなアルバイトとなれば、これしかないんだから、最後まで頑張ろう」と言って、夜なべにガリ版で「塾生募集！大学生による少人数、懇切指導の雪ヶ谷ゼミナールへ」とまたまた何百枚印刷し、これをハトロン紙の封筒に入れ、表書は「ご家庭のお父様、お母様方へ」と書き、翌日から東急池上線沿いの雪が谷から石川台、御嶽山、久が原の方まで、一軒一軒の家庭の郵便受けに入れて廻った。この作戦も即効性とはいかなかったが的を射ていたと見え、後日談ではあるが、各家庭ではこのチラシをとって置いて持っていたとのことであった。「何か役に立ちそうだ」と思っていただけたようである。

七月分の前家賃を六月末には払わなければいけないのだが、足りないので、北野兼道さんの奥さん、公子さんから金三千円を借りて何とか七月分の家賃を前払いしたものの、この先どうなるやら展望の開けないまま夏休みに入ろうとしていた。

③大学より楽しかった学習指導

七月二十日頃、家主の栗田さんの奥さんと、昼間、手持ち無沙汰な時間に世間話をしていたら、奥さんから、一大ニュースを仕入れた。「清水さん、明日はね、雪ヶ谷中学の父兄会の日なんですよ。それで、この日に『お宅の子は、都立高校受験は無理だ』とか『もう少し頑張らないと駄目』とか申し渡されるんですよ。清水さんもご存知の通り、うちの長男も中三ですからね。明日、先生からどう申し渡されるか？ってとても心配なんですよ」……とのこと。

これを聞いた私は、すぐさま本神君にこのことを伝え、「本神君、チャンス到来、明日の父兄会の終わる時刻頃に雪中の校門の外で塾生募集のチラシを、出てくるお母さん方に配れば、どっと生徒が集まるんじゃない？」と呼びかけて、半信半疑でいる本神君の尻をたたいて、その夜、徹夜をして「塾生募集〝叩けよさらば開かれん〟雪谷中学生諸君！雪ヶ谷ゼミナールで先輩と楽しく勉強しよう…」とのチラシをガリ版刷りして三百枚用意した。私はまたしても「取らぬ狸の皮算用」をしてほくそ笑んでいるのに、本神君は、相変わらず、ボソっと「そんなにうまくいくかなあ」と言いながらついて来た。

父兄会の当日、校門の両脇に二人が立っていて、先生の申し渡しに不安そうな面持ちで出てくるお母さん方にこのチラシを配った。

この作戦、見事に的中し、その日の夕方以降、次々と申し込みがあり、雪ヶ谷ゼミナールはほぼ満杯状態となった。収入も一挙に増え、衣食住に事欠くということを防げただけでなく、経済的ゆとりに加えて、心のゆとり、時間のゆとりも加わり、先ずは一安心という状態になった。月・水・金に来る子供、火・木・土に来る子供で、夕方五時から九時まで四時間、ビッシリと授業で埋まり、日曜日もふさがる程、盛況となり、忙しい毎日を過ごすようになり、自分自身、大学の勉学は、一時休学同様の状態が一年続いた。大学三年生だった私としては中央大学の無味乾燥な授業よりも、小中学生の指導の方がはるかに楽しく面白く、英・数・国・社・理の五科目について予め勉強をしたり、テストの問題を作ったり、また暇を見て塾生の家庭を訪問して、お母様方に、生徒のどの教科が得手、不得手でどう勉強指導をしているか等、塾での指導の内容を報告して歩いた。この家庭訪問作戦で、お母様方との会話ができ、生徒達の家庭環境もわかるようになり、お母様方からは「すごく教育熱心で、色々考えて指導してくれている」と好印象をもって迎えられた。

塾を開いて一カ月目頃に、長野君が、田園調布中学の三年の同級生の友達を連れて来てもいいか、と言って来た。同じ中学校のことなので、丁度二人一組になっていいんではないかと返事をしたところ、長野君も仲間と一緒がいいと思ったか、ニコニコしながら、次の授業の時はその友達を連れて来た。こうして長野君が連れて来たのが、小林康人君であった。見れば、おっとりとした快活な少年で、聞けば、お父さんが上智大学の卒業生で、大学の後輩の学生さんが、家庭教師として教えに来ていたのだが、夏休みで七月・八月、二カ月位お休みになってしまう。だけど来年は高校入試なので、大事な夏休み期間中に二カ月休みは困ったなと、お母さんと話していたところへ長野君から「いい先生がいるよ、楽しいよ」って聞いてここへ来たとのこと。教える方も教わる方も、どちらかと云うと、二人一組か三人一組が堅苦しくもなく、勉強の効率も良い。

長野君と小林君は楽しそうに雪ヶ谷ゼミナールでの勉強を始めて、日ならずして小林君が「ところで先生、小学校六年生の僕の妹も連れて来ていいですか？実は、来年、私立の女子系の中学へ行きたいって言ってるんで、いいですか？」と申し出て来た。当時六年生で教えている子はいなかったが、「ああいいよ、連れていらっしゃい」と返事した。翌々日、小林君は妹を伴って来た。小林由美子（私の妻）の登場である。

大学三年生、二十一才の私は十一才年下のこの少女に一目ぼれしてしまった。

だが、表面は何食わぬ顔をして普通の塾の先生と生徒でいた。もちろん小林由美子としては、それ以外のことはみじんも感じていなかっただろうことは疑いない。

親友の本神君だけは、僕の心情を早くキャッチしていて「清水君は、バコちゃん（当時、小林由美子のニックネームをコバヤシからもじって「バコちゃん」と称していた）を絶対に離さないよな」と言って私をからかった。勉強とアルバイト一筋の私にも案外、ロマンの香りもあるんだなと理解してくれていたようで、静かに横で眺めていてくれた。

かくして、大学三年・四年は雪ヶ谷ゼミナールのアルバイトで明け暮れた。それに大学の授業は全くお粗末で、一般教養科目に至っては高校の水準より低く、面白くもなく、講師もいい加減で、腹立たしいぐらいで、大学にロクスッポ行かず、雪ヶ谷ゼミナールの生徒達に教える授業の方がはるかに自分の教養の向上に役立ったことは疑いない。

中学・高校時代に表面的にしか勉強していなかったと後でわかったことではあるが、小中学生に教えるためには、こちらがかなり勉強しなければならない。嘘を教えてはならない！教えられる方も頭はするどく、熱心であっただけに大変であった。

国語の漢字一つをとっても黒板に書順を間違えて書く等ということは許されないし、送りがな、読み方にしても全て同様であった。教科書に島崎藤村の詩が出ていれば、その詩の解説だけでなく、島崎藤村という人物像、その著作物、思想、時代背景等々がわかっている必要がある。

文字通り一を教えるに十の準備が必要であった。それだけに学習指導の内容に厚みと拡がりが加わっていたので、生徒達も目を輝かせて聴いてくれた。

数学ではいかに数学が面白いかをわからせるために、順列・組み合わせ、微分・積分、因数分解、一次方程式、二次方程式、関数・グラフ、放物線等々のできるだけ数多くの問題を解して教えたし、自分の頭の訓練にもなり、そのことが後日、私自身の国家試験に大いに役立つことになるとは夢想だにしていなかった。

四、行政研究会

そうこうするうちに、自分の進路を決めなければと思ったが、さて、どうしたらいいかわからない。それも当然で、およそ法学部に入る学生の中でほんの一握りの者以外は将来、いかなる職業に就いてどのように仕事をしようかということのはっきりとした目標や自覚を持っている者はいなく、「俺は医者や文学者、芸術家のどれも向かないな。しょうがないからまあ、潰しのきく法学部か経済学部に入っておくか」という程度の意識で大学へ入ってきた連中がほとんどだからだ。

前述のように幼少の頃の姉の特訓で「帝大の法科」と「高等文官試験」を突破しなければいけないことは叩き込まれてはいたが、「では、その後、君は何になるのかね？」と問われても、自分ではどのような職業人となるかは決まっていない。それに姉の言った言葉と軍国主義は二律背反であったから、大学へは入ったものの「何になるか」定まらない状態は、当時の学生の共通現象で、それはニヒリズムにも近い、大学で、ただ遊びほうける姿にも通ずるものがあったと思われる。

しかし、貧乏学生の自分としては何かを成し遂げなければいけないという焦燥感らしきものは常にあった。

そんなこんなするうちに中大の中庭で「室員募集」の行政研究会の看板をみて、司法試験一辺倒の中大の中で、ユニークな目標を掲げている研究室もあるもんだとわかり挑戦してみることにした。入室試験は短答式の一般教養科目（数十題）と英語、一定のテーマによる一般論文であった。筆記試験で一次選抜があり、二次が面接で、試験官の四年生の先輩から「君は、アルバイトの時間が長いが、それで室の活動や国家試験のための勉強をする時間がとれるのか」と執拗に尋ねられたのを記憶している。

後日談でわかったことではあるが、合否判定の時「こいつ、会の活動に協力できるのかなあ。勉強の時間はどうやって作るんだ？」と議論されたようだが、とにかくも筆記試験の成績が抜群に良かったことと「やる気」はあると判定されて入室許可となった。合格者は十名であった。受験者数は二百余名であったから何と二十倍の競争率であったとのこと。

行政研究会の研究室はお茶の水の第二図書館の上層階の一隅にあり、一人で一つの机を占有できるスペースはなく、二人で一つの机を共用するようあてがわれた。

当時、マスプロ大学の中で占用の勉強机をあてがわれて、研究室の中で毎日国家試験、特に司法試験を目指している連中は、一種異様な雰囲気をもっていて、スリッパを履いて学内を闊歩するので「スリッパ族」等と言われ、一般の学生からは、敬遠されがちな存在であった。

私は、これは大嫌いで特権階級意識は排除されるべしとかねがね思っていたとおり、行政研究会の方針は、大学カリキュラムの優先、在校生優先（卒業生、浪人生の机はあてがわれない）と好ましく、しかも、研究室の場所が司法試験研究団体のいる棟とはかなり離れてポツンと研究室がある、ということも良かった。

入室して一～二カ月はこれという活動もなく、私は雪ヶ谷ゼミナールの仕事をしながらでも、研究室の活動をおろそかにするということはなく、答案練習会、猪苗代湖での合宿等にも積極的に参加した。

五、充実した後半の大学生活

大学三年の夏休みは学生生活の中で最も良く勉強した。七月・八月の二カ月間で六千頁分の法律書を読破した。元々法学部でも政治学科を選択したのは、やっぱり政治の世界の方が法律の世界よりもクリエイティヴで活動の範囲も広く柔軟だと云う印象を持っていたからで、自分の卒業後の進路は行政畑ではないかと考え、腕試しと思って大学三年次の時、国家公務員中級職の試験を受けたら合格した。よって四年次には、上級職試験を受験し、これも合格した。そして、各省採用のための面接試験では「少年非行問題」とかのテーマで、各省の係官が見守る中で集団討論をした。そこで、会場に着いた時にびっくりしたのは八人の受験生中、一人が早大生、そして私一人が中大生で、あと六人は全員東大生だった。東大生は夫々、前もって、「大蔵省の先輩に会って来た」とか「僕は通産省に行って来た」等と得意気に語り合っているのを見て、「あゝ、行政官庁には吾々私立大学生は引っ張ってくれる先輩がいないから、たとえ採用されても結局は東大卒の後塵を拝するだけで、自分の力は発揮できないまま人生を終わることになりそうだな」と感じ、その日限り、行政官になることは私の頭から抜き去り、やっぱり司法試験を受けるしかないな、と決めた。

元々、父が日本郵船時代にロンドン航路で父なりに活躍していた頃の話を興味深く聴いていたので、小学生の頃から、「将来は外交官になりたい」等と憧れていたのであるが、その後、追々、情報を集めてみると、当時、外交官として出世するには宮家（天皇家）と何らかの血脈・人脈がなければダメだと聞き及び、早々と外交官志望はあきらめていた。

大学三年生の集中力を投入した勉強の成果で、成績は「良」が一個で、他は全部「優」であった。結局大学四年間では、一年と四年が全優で、二年は生活のためのアルバイトに明け暮れたので「可」

が一つ、「良」が二つであったから、総じて「優」でないのは四つだけであったところから優等生として表彰された。中庭に高く掲げられた掲示板には、

優等賞　　　　　　法学部政治学科
林　賞
南甲倶楽部賞　　　　　清水　直

と記載されていた。

私は、これを見て父や姉に一刻も早く報せようと思い電報を打った。

「優等生、総代に決まった。多年の支援感謝す!!」

遠く広島の神石郡の山奥に嫁いだ山森ツネ子姉は、この電報を受け取るや、これを胸にしっかりと抱きしめて裏山に行き、一人思いっきり、大声を出して泣き喜んだとのことである。ツネ子姉は旧き良き時代の立身出世主義の教育を受けていたので、かねがね私に対して、「男の子は、帝大を卒業して、高等文官試験に合格しなければダメよ、田舎の小・中学校の優等生なんか、掃いて捨てる程いるんだからね!!」とハッパをかけていただけに、「やってくれた」と云う満足感があったのだろうと推測される。

私に対して常々厳しく対応してきた父も、さすがに喜んでくれたと見え、この電報を持って吉村の小父さんの所に参上し、どうしたものかと相談したところ、小父さんは、言下に「大学の優等生総代は立派だよ。卒業式は行って見て来た方がよいぞ」とおっしゃり、父は「うん、そうしようと

思って実は東京行きの列車の切符はもう購入して来たんだ」と答え、小母さんも交えて三人で祝杯をあげて喜んだ、とのことを後日談で知った。

父は早速上京し、卒業式当日は、講堂の二階席で、中大ブラスバンド部の諸君が『勇者は帰りぬ』の曲をファンファーレのように演奏する中、正面の段上で大学総長から優等賞ほかの賞状を手渡される私の姿を見て、隣席の父兄に「あれが、私の息子なんです」と自慢気に話していた、と後日聞かされた。私に対して幼少の頃から常に厳しく対応していた父も、この日ばかりは嬉しかったようであった。賞状や副賞としていただいた「象牙」の「印材」や金一封入りの「のし袋」等を前にして、自宅で父と一緒に撮った写真が今も手許に残っている。

卒業式終了後、クラスメートから「今から皆で一杯呑みに行こうよ」と誘われたが、私は父がいるので断ったところ、十文字君が「じゃあ、飲み代の一部を寄付しろよ。お前毎年のように講義ノート集を売って儲けた上に今日も大学から金一封も貰って、俺は五万円は入っていると思うけど、お前、本当に中大で稼いだよな、三万円位どうだい？」と畳み込んできた。

余り気乗りはしなかったけれども断って今日のこのおめでたい雰囲気をこわしたくなかったので「あ、いいよ」と返事して持ち合わせた手持ち金の中から金三万円を十文字君に渡した。

後刻、そのことを父に話したら、「おめでたい時にもらう『金一封』と云うのは、そんなに大した額ではないもんだよ」と言ったのであけてびっくり、金弐万円であった。十文字君にうまくしてやられた訳であるが、先ずは「稚気愛すべし」と云うところか…。

後日談であるが、前述の川上勝吾さんに私が中大を優等総代で卒業すると云うことになったことをお礼かたがたご報告に伺ったら、その時は、「ああ、それは良かったなあ、おめでとう‼」とおっしゃって握手していただいたのであるが、私が帰る後姿を見送りながらふと、以前に私に対して、「東大の一番も中大の一番も比べようがない。二浪なんかしないで中大に入学しろ」と言ったことを想い出し、「待てよ、やっぱり、本人の希望通り二浪してでも東大に行った方が良かったのかなあ？」と何やら「後悔めいた気持ちになった」と漏らしていられた、との情報を友人から聞いたので、早速、私は川上さんをお訪ねし、「川上さん、あなたのアドヴァイスが無ければ、今日の私はありません。ほかの人よりも夜学や浪人で二年も遅れて私立の中大への入学したと云うことはそれはそれで私と云う人間を磨いてくれて、変なエリート意識の固まりみたいな人物にならないで良かった、と感謝しています」と申し上げた。

第七節　第二次浪人時代（司法試験合格の年）

（昭和三十四年四月〜三十五年三月）

前述したように国家公務員試験に中級職・上級職と合格したが、行政官庁に就職することはしなかったので、大学卒業後、一年浪人して司法試験を受験することにした。いわば、行政界から司法界へのくら替えとなった訳であるが、当時の私の気持ちとしては、「そうするしかしょうがないかな?」と言った、やゝ消去法的な発想で受験となった。

とまれ、幸いにも、この年に司法試験に合格することができた。

論文試験合格後、口述試験があり、刑法では、著名な木村亀二先生から質問された。

私は学生時代は刑法では主観主義に興味を持ち、木村先生の著書は熟読玩味して、私なりに理解していたつもりであったが、司法の実務界は客観主義が主流であるとの情報を聞き及び、中途から客観主義の植松正教授の著書で勉強し直していた。そのため、「正当防衛」「緊急避難」にからんだ質問を受けた時は、木村教授と意見が合わず、終り頃には、木村教授から「君がそのように答えれば、答える程、君の理解不足を露呈することになるんじゃないの?」と問い詰められ、私が頭を抱えて暫し黙り込んでいたら、傍に陪席しておられた日沖教授が一言、助け舟のヒントを下さり、やっとその場を何とか切り抜けさせていただいたが、その日以後は木村教授の著書には見向きもしなくなった。

最終の合格発表があった時は、「やれやれ、これで

司法試験合格時

諸々の試験と称されるものから解放されるのかな」と感慨ひとしおであった。
その年の秋以降は、手持無沙汰な位に時間ができたので、アルバイトの「雪ヶ谷ゼミナール」塾にも力を注いだが、自転車を購入し、雪ヶ谷を中心に多摩川の土堤づたいに遠方までサイクリングする等して文字通り解放感を満喫する日々を過ごした。（今考えてみると人生で一番自由な時間のあった時期）

自由な時間を有効に使う方法として「芝居」見物に精を出した。以前に郡司先生の所に遊びに行った時に先生から「オペラやバレエを観るのもいいが、日本人なんだから歌舞伎を観なきゃあ駄目だぞ。演目は何と言っても『忠臣蔵』からだな。昼の部、夜の部に夫々、序・破・急よろしく、「時代物」「所作（踊り）」「世話物（人情もの）」と構成されていて観る者を飽きさせない立派な構成になっている」と教えられていたところ、折よく忠臣蔵の昼夜通し公演が歌舞伎座で行われていたので、早速、忠臣蔵の全セリフまで書かれている本を片手に出掛けていった。二階席の一番後ろの方の席を何とか手に入れ、舞台と本を交互に観ながら昼前から夜十時頃まで観賞した。終演した時は、私は感動、胸一杯であった。そのことは今にして鮮明に想い出される。

これが手初めで、以後、毎月のように、歌舞伎座・明治座・東横ホール・新橋演舞場・京都南座等々に足を運び、芝居見物ザンマイの日々を過ごした。

新派、新国劇、民芸も充分楽しませてもらった。新派の有名な出し物である『婦系図』の「お蔦」役を、花柳章太郎や水谷八重子が夫々演ずるのであるが、「真砂町の先生のお言葉だから別れてくれ」

と主税が懇願するのに対して、お蔦が「そんなことは嫌なこってすッ」と断る場面がある。章太郎のセリフのいい廻しでは「そんなことは嫌なこってすぅ↙」と語尾が下がり音になって、年増の芸妓の感じがにじんでくるのに対して、八重子の演ずるお蔦は「そんなことは嫌なこってすッ↗」と語尾の音を上げて、おキャンな若い芸妓の意気のいい断り方が伝わって来る。同じセリフでも役者の演じ方で、こうもニュアンスが異なるのかと感動した。

また『明治一代女』の中で箱屋の巳之吉役を演じた大矢市次郎が女に貢ぐべく郷里の土地を売り払い、その金をふところに入れて、舞台の中央に棒立ちしてモミ殻を両手に握り、パラパラとこぼしながら「これで全部なくなった…」と淋し気に語るうちに巳之吉を照らす照明が徐々に丸く小さくなっていき、幕が降りるあたりの光景は印象深いものであった。

当時の新派には個性豊かな役者が揃っていた。花柳章太郎、水谷八重子、大矢市次郎、伊志井寛、英太郎、伊井友三郎、市川翠扇、京塚昌子、等々、多士済々そのものの顔振れで、この役者達の出演でどの演目も充分楽しませてもらった。

話変わって、私の当時の住居は、栗田さんのお宅のすぐ筋向いにある八百屋さん所有のアパートの二階の二部屋を借りていた。私の部屋は階段を上がって左側にあり、その向い側、つまり階段をあがって右側の二部屋には新婚さん夫妻が住んでいた。ご主人は関西学院大学卒とかで、しかも裕福なご家庭で育ったと見られ、快活で屈託ないお人柄であるだけでなく、文字通り生活を楽しんでいられる様子だった。当時人気のあった、ミュージシャンの牧伸二がウクレレを弾いて人気を博していたので、私もウクレレを購入し、その練習をし始めたところ、お隣のご主人は、「自分はスチールギターをやるから、清水さん、一緒に演奏しようよ」と誘われ、二人して、「カイマナヒラ」等々のハワイアンを演奏したり、唄ったりして楽しんだ。

第八節　司法修習生時代

（昭和三十五年四月～三十七年三月）

一、前期修習（昭和三十五年四月〜七月）

①「自由闊達なる法曹人を育てる」

昭和三十五年（大学卒業の翌年）の四月から司法研修所での司法修習が始まった。当時の修習期間は二年間で、四月から七月まで前期の四カ月間は、千代田区麹町にあった司法研修所の合同研修で、私達第十四期生（総勢三百十二名）は七組に別れて授業を受けた。丁度、学校の一クラスと同じくらいの人数で、ここで生涯共にする無二の親友に何人も出逢えた。

研修所の長官は、安倍能成氏（元学習院大学学長）の弟さんにあたられる安倍恕氏（元東京高裁長官）で、人格者であった。見る、聞く、話す、全ての動作に教養の高さと人間味溢れる人柄で、まさに研修所長官にふさわしい大物の人物であった。安倍所長の教育の理念は、「自由闊達なる法曹人を育てる」にあったので常に明るく、のびのびとした雰囲気の中で、自由を満喫するような研修所生活であった。民事裁判、刑事裁判・検察・民事弁護・刑事弁護の各担当教官も一流の人ばかりで、修習生は全員、教官に心酔した程である。

検察の伊藤教官はひょうひょうとして検事くささがなく、清廉潔白の人で、厳しいものを心に秘めてはいても、表には全く表わさず、人情味もあり、私達第三組からは六名もの検察官、任官志望者が出るほどであった。当時の修習生は圧倒的に弁護士希望で、任官、特に検察志望の少なかった風潮の中であったので、一クラスで六人の検察志望は際立っていた。

民弁の江澤弁護士はダンディな人柄で、社交ダンスを格別に楽しんでおられ、夏は蝶ネクタイをしめて来られるので、修習生の間で、これを見習うものが輩出し、私も初めて、蝶ネクタイというものを購入して、しめて登庁した程である。その頃にしめた蝶ネクタイは今も洋服ダンスの引き出しに鎮座している。

私達十四期生は極めて恵まれていて、私達の前の十三期頃から、法曹人を多く養成する必要があるとのことで、国家予算も十二期よりも多く予定されていたとのことであるが、十三期と比して十四期は数十人も少ない人数の採用となっていた。その理由は、聞くところによれば、司法試験の合格点を一点甘くすると採用予定数を大幅に上まわり、予算が不足するとのことで一点上の方の点数で採用することにしたので、結果として十四期は十三期よりもかなり下回る人数の採用ということになった由である。そのお陰で私達十四期は、一人当たりとしては、潤沢な予算を使わせていただけることとなり、私達は国家予算で文字通り青春を謳歌させていただいたのである。私は国家から国家公務員並みの給料をいただきながら、何も仕事はせず、勉強もさりながら遊びを思う存分させていただけたので「吾が青春に悔いなし」の日々を送ることができた。前途有望な人材を国家予算を使って育てることのできた旧き良き時代であったと言えよう。

前期修習中のある日、一般教養的な講演で、音楽家として著名な髙木東六先生がピアノを演奏しながら講演された。その時、高木先生は「皆さんが、酒席でよく唄う『黒田節』を西洋音楽家の夫々の特徴を取り入れて編曲するとこんな風になります」と話された後、先ず「ヴェートーベン風なら、このように」と『運命』的な重々しい感じに編曲して演奏され、「次はリスト風に」と話されて軽やかな曲に編曲して演奏され、修習生一同は「う〜ん」とうなって聴き、感動したのであった。

また、高木先生は、「皆さんは音楽には長調と短調のあることは知っていますね、そして長調は明るく伸びやかな調子で、短調はもの悲しいか、もの淋しいような、や丶暗く沈んだ調子であることはご存知ですね。ところで、軍歌には短調のものが多く、『露営の唄』にしろ『雪の進軍』にしろ、歌詞は勇ましいようでも、メロディやリズムが短調的なので、どうしても、もの悲しいか、もの淋しくなってしまう。私は日本軍が戦争に負けた原因について、音楽の世界から批判すれば、軍歌の多くが短調だったからではないかと云うことが言えるのではないかと思います。その点自慢するようで恐縮ですが、私の作曲した『空の神兵』は長調なんです。ここで唄いながら演奏してさしあげましょう」とおっしゃってピアノを

司法修習生第14期3組

司法修習中の蒸気機関車試乗

弾きながら、「藍より蒼き、大空に大空にたちまち開く、百千の、真白きばあらの、花模様、見よ、落下傘、空に降り、見よ、落下傘空を征く、見よ落下傘空を征うく」と高らかに歌われ、修習生は「成程そう言われればそうだな」と皆うなづき合い、私は今更ながら、太平洋戦争末期に負け戦の最中、次から次へと新しい軍歌を唄わされた少年時代のことを想い出して、「音楽の力」と云うものの大切さを知ったのであった。

前期の楽しいイベントの一つに機関車試乗があった。当時は未だ蒸気機関車が列車を引っ張っていた時代だったので、私たちは蒸気機関車での機関士の仕事振りを体験させていただいた。先ず、乗車する前に石炭の積み上げてある所でスコップで石炭をすくい上げてカマドに放り込む作業を何回も練習した。バサッとまとめてほうり込んだのでは燃えている火を消すことになるのでサアッと薄く振り巻くようにほうり込むのであるが、仲々力もいれば難しいものだとつくづく感じた。この体験をさせていただいたその夜は千葉の安房鴨川に行き、宴会で楽しいひとときを過ごした。

当時、文京区小石川に司法研修所の寮があり、そこには広い運動場もあって、そこで運動会も行われた。私達は浅草から大太鼓を借りてきて、景気よくドン、ドンとたたいて雰囲気を盛り上げたので、並いる教官はややびっくりしておられた。

②心の友との出逢い

㋑底抜けに明るい日々

私は貧乏学生であったから、天と地の違いの日々を送るようになった。そうして巡り会えた親友が二神《ふたがみ》君、竹原君、田中君、亀田君等々であった。中でも二神君と竹原君はどちらも早稲田大学の大学院修士課程を経て来ていて、裕福な家庭環境にあった。修習生時代の遊びと酒の呑み方はこの二人に教えてもらったといっても過言ではなく、研修所の授業も時折サボって、神宮のプールへ泳ぎに行ったり、夜な夜なキャバレーやナイトクラブでダンスに興じるという日々が続いた。修習生の安月給では無論そのような遊びができるわけがないのであるが、殊に二神君はいつも何人かの者を引き連れて毎晩のようにハシゴをしていた。当時、私の借りていたアパートに、一時、内地留学で看護の実習のために上京して同居していた姉が、「あなた、毎日、お酒をそんなに呑んで、しかも睡眠時間もロクスッポとらないんでは、体を悪くするわよ」とたしなめた程であった。本人としても毎日の酒と遊びと、勉強の中で体力の限界に挑戦しているような気がして、半分は我ながら反省しているのであるが、なかなか自分一人、超然と真面目な生活のできる雰囲気になく、ある意味では惰性の毎日という側面もあった。

何しろ二神君は聞くところによれば、我々が月一万三千円か一万五千円の月給をもらって何とか生活していこうとしているときに彼への九州の実家からの仕送りは月額三十五万円とのこと。これが常に仲間数人を引き連れて遊び呆けられる源であったようであり、我々はそのおこぼれで青春を謳歌させてもらったとも言えよう。

よく遊びに行ったナイトクラブの代表的なものが赤坂の「ニュー・ラテン・クオーター」であり、また新宿では「女王蜂」で、スマイリー小原とスカイライナーズが演奏し、「雪村いづみ」等の有名な歌手もよく出演していた。文字通りキラビヤカな遊びの連夜であった。

その頃の遊び仲間で、親友中の親友の二神君も金沢の田中君も、大阪の亀田君も、早や故人となられ、今ここに居ないのは淋しい限りである。一体、僕の葬儀に出てくれる友人が残ってくれるんだろうかと、変な悩みでヤキモキする昨今である。

㋺ダンスパーティー

前述したが当時、並みいる教官の中でも、江澤先生は際立って紳士然としておられ、特に蝶ネクタイをしめてさっそうと講義されるので、修習生は羨望とあこがれの眼差しで見つめていた。やがて、修習生自身も夫々に自分に似合った蝶ネクタイを購入して我も我もと蝶ネクタイ姿で研修所内を闊歩するようになった程である。

当時、水商売でないお堅い職業の人が蝶ネクタイをするという光景は余り無かった時代だったので、十四期三組の教室だけは、ダンディズムな雰囲気が充満していた。

その上、江澤先生は、社交ダンスについては玄人はだしであられ、我々はしばしば、先生に連れられて、ダンスホールや高級ナイトクラブに行き、ダンスを通じての社交の何たるかを勉強させていただいた。

好奇心旺盛な若者世代のことであるから、蝶ネクタイ同様、社交ダンスもまた、大はやりとなり、修習時間中にさぼったりしながら、熱心にダンス教室にレッスンを受けに行った。

そして、病こうじて、ダンスパーティーをやろうということになった。

前期の修習生時代に、ダンスパーティーを三回も開いた。パーティーの名称は「ひよこ会」であった。

企画から、会場の手配、印刷物、声掛けの中心はいつも私で、二神君の言によれば「清水、お前がやらなきゃ、人は集まらんよ」とのことで、私はダンスパーティーのために奔走した。

第一回目は丸の内の日本郵船の最上階のホールで行った。昭和三十五年六月当時は、まだ、これというビルもホールもなく、空襲を免れた日本郵船ビルのホールは貴重な存在であった。会場の手配が終わると、パーティー券の印刷、そして売り捌きが必要で、赤字とならないようにするには一苦労であった。

その上、参加者が司法修習生だけでは、華やかさに欠けるので、参加者の間口を拡げるべく、裁判官、検察官、弁護士の先輩を訪ねたところ「我々もできるだけ参加するけど会場には華が必要だよ。弁護士会には弁護士の奥様方の親睦会で『睦会』というのがあるから、そのご夫人達にご協力願って、先輩弁護士のお嬢様達を動員すればいいよ」と教えてくれた。早速、おばちゃま達を訪問、ご協力をお願いしたところ、一も二もなく、お引き受け下さり、パーティーに大勢のきれいなお嬢様方が参加してくれることになった。

バンドは、安くあげるために、慶応大学カルワ・アイランダースのメンバーと早稲田大学の早稲田ハイソサエティのメンバーにお願いし、交代で景気よく、賑やかに演奏してもらった。バンドの早慶戦さながらでパーティーの雰囲気をいやが上にも盛り立ててくれた。

当日の司会も私がやることになり、主催者、ご来賓のご挨拶やバンドの紹介等々をしたのはもちろんであるが、折角お招きしたお嬢様方が「つまらなかった」との感想で帰宅することのないよう、万事気配りが必要であった。特に、気に入った女性とだけ踊って、踊ってもらえない「壁の花の女性」を作らないよう、常に会場を見渡し、それらしき女性を見つけるとダンスのうまい修習生仲間の者に声をかけて、協力してもらった。お陰で第一回は大好評のうちに終了し、第二回も郵船ホールでやり、第三回は紀尾井町の都市センターホールで行った。これらの企画を通して、睦会のおば様にお近づきになれたのはいいが、その後、あちこちのお嬢様との結婚の話を持ちかけられ、それを上手にお断りするのに苦労した。

このダンスパーティーは、十四期の時が最高潮で、十五期でも行われたが、その後、急速に尻すぼみになり、途絶えてしまったのは残念である。青春を謳歌し、修習生時代に幅広い教養を身につける必要があるのに、近頃は単なる法律の職人を養成する機関のように司法研修所が変化していくように見えて「自由闊達なる法曹人を育てる」の理念はどこへ行ってしまったのかとの感を禁じ得ない。

㈧北海道旅行

前期修習が終わるや、親友の竹原君の提案で、横浜での現地修習の始まる前に北海道一周旅行をすることになった。それは彼の郷里が北海道旭川で、お父上の竹原五郎三さんは同所で弁護士をしておられたからだ。

昭和三十五年七月二十八日から八月九日までの豪華版の旅行で、帰りには十和田湖を観光して帰ることとした。親友の近藤誠君も参加し、竹原君と私と合計三人での観光旅行となった。旅館の手配その他は竹原君にお任せした上、宿泊費等はすべて竹原君が立て替えて払ってくれて、吾々は冬期一時金（ボーナス）で精算すると云うありがたい企画であった。（尤も、後日、竹原君からの打ち明け話によると、彼の立替払いと称する旅館等の支払い関係は竹原君のお父上が全部払われたとのことで、我々が後日精算した資金は、お父さんの元へは還元されず、竹原君のお小遣いになった、とのことであった。）

この頃は未だ飛行機ではなく、列車と青函連絡船とバスの旅行であった。

この旅行の時の各地での写真集の冒頭頁に、私の受けた感動のいかに新鮮であったかが刻銘に記されている。

同期・竹原君、近藤君と札幌にて

司法修習生と云う責任のない身分の夏休み、夏休みにつきものの宿題らしきものは何一つなく、すべてのものから解放されて、のびのび遊んだ。

北海道の印象はどれも忘れられないいいものであった。

洞爺湖の静かな眺め、定山渓のうっそうたる木々、登別温泉の大浴場、広々としていてポプラ並木の美しい札幌の街、友人とドライヴした旭川郊外、層雲峡の渓谷美、ががたる岩壁、静かに更けゆく温根湯の夜、美幌峠よりの広大な景観、散策に適す屈斜路のほとり、噴煙をあげるアトサヌプリ、神秘のヴェールに包まれてひっそりと静まり返る湖・摩周湖、アイヌの若き男と酋長の娘にまつわるマリモの伝説、ここにもこの世でとげられぬ日本的愛の悲哀がひめられているとは…。馬のたわむれる根釧原野、狩勝峠よりの雄大な眺め、帰途立ち寄った十和田湖もまたよし、八甲田山の山岳美、奥入瀬川の渓流美、十和田湖の湖水美、そして車窓よりは、薄幸の詩人啄木の故郷の山々がかの歌の如くじっと眠っていた。『ふるさとの山に向いて言うことなし、想い出の山、想い出の河』あ、いつの日か再び訪ずれん、打ち連れて（最後の一行は仲々意味深である。誰とかな…？）

二、横浜での現地修習（昭和三十五年八月～三十六年十一月）

①検察修習

前期の合同修習の後は、全国各地にある地方裁判所及び検察庁、各県の弁護士会での現地修習を行うのであるが、私は横浜ということになった。元来、私は横浜市で出生して六歳までの幼少期を過ごしただけでなく、貧乏学生時代は昼は働き、夜は「横浜市立港高等学校」という夜間部しかない定時制高校に通学していた等々の関係で、私と横浜とは、すこぶる縁が深かった。

私達横浜十四期第二班は、七人一組で、七人はよくまとまって、勉強も遊びもみんな一緒の感であった。検察修習では、十三期の先輩も一緒の十四人と多かったので、指導教官の目を盗み易く、被疑者の取り調べは警察での供述調書（㊞面調書）に、ほぼ終わっているようなものなので、簡単に事実と㊞面調書の記載に誤りがないかを確認する程度で終え、余った時間を有効利用して、修習生室からエスケープして横浜市内の「ウィーン」と云う音楽喫茶店に行き、そこでみんなでとりとめのないダベリングをして楽しみ、午後四時前頃修習生室へ三々五々帰室していった。ある日の午後三時頃、指導教官が教官室のドアをあけて、修習生室の方を覗いてみたら、修習生は誰も居ず（空っぽ）（実は、修習生はみんなエスケープして「ウィーン」という喫茶店でダベっていた）教官は、「おや、誰も居ないじゃないか、どこへ行ったんだ？」とボヤいていられたようであるが、当時の「自由闊達なる法曹人を育てる！」の「名（迷）言」通りに修習生の自由奔放な修習態度を「まあ、良しとするか」と、さしたるおとがめもなく、規制することなく、修習生の自立心を尊重してくださったのには、今日、頭の下がる想いがする。

検察修習での合同研修旅行は箱根の「湯の花ホテル」で、次席検事の豪快な酒の呑みっぷりにびっくりすると共に、「俺は、酒呑みの面でも検察官には到底向かない」と思った。翌日聞いたところでは、二十数名で一晩にビール数ダース、日本酒を二斗とか三斗呑んだとのことであった。

この旅行のあることを事前に知らされて竹原君と戸田君、橘君と私の四人は、「宴席で何か面白い出し物をやって教官達をびっくりさせよう」ということになり、色々討論した結果、宴会の舞台の壇上で七人による、ラインダンスをやろうということになった。

どんなふうにやるのが良いか、曲や振り付け等々を議論するうち、先ずは本場の浅草へ行って、松竹歌劇団（ＳＫＤ）のラインダンス、次に有楽町の日劇へ行って、日劇ダンシングチーム（ＮＤＴ）のラインダンス、とその両方をみて研究することになった。竹原君と私が中心で舞台のカブリツキに陣取って、きれいな長い脚が「ヤッ」と声をかけながら、上がったり、はねたりする様子をつぶさに見て、これを基にして、竹原、清水振り付けによる修習生ラインダンスができあがった。

音楽は軍艦マーチが良かろうということになり、出だしは皆がタテ一列に並んで前の者の肩に手をかけて、舞台のそでから軽やかにかけ足で登場し、舞台中央に全員横一列に並び、手をつなぎ、右に左にと首を振りながら脚を左右にふりはね、最後はまたタテ一列に並んで、右手で前の者の肩を持ち、左手で「さよなら　さよなら」をしながら退場ということに相成った。横浜法務局の和室の宴会場を借りて、何回か練習をし、脚の上げ方はね方、手の振り方、顔の表情等々も練習した。事前調査と練習の効果があり、並みいる教官達は「十四期は元気だなあ、面白い奴が多い」と評された。

検察での実務修習の重要な部分として、起訴・不起訴について、修習生としての判断をして、「起訴状」「不起訴裁定書」を起案するのであるが、私は起訴状を起案するのが大苦手だった。起訴状は「被告人は……」で始まり、途中一カ所たりとも「。」によって、文章が途切れることなく続き、犯罪の日時・場所・動機・犯行の状況・結果等々を複数の犯行も併せてすべて、一文の中におさめなければならず、最後は「○○○の罪を侵したものである」で締めくくることとなっている。その文章表現たるや無味乾燥で、文学とか文章の美学等というものとは縁遠く、どちらかというと小説的、散文的、文学的表現の好きだった私としては、好まないところだった。しかし、今は課せられた修習を文句も言わないでこなす必要があるので毎日この悪文と斗って過すしかなかった。その点、冒頭陳述や論告はまだしも、起訴状よりも文学的匂いが多少は入っているのかなと思った。それにしてもすべて証拠に基づくものでなければならず、自分の心の動きや空想で自由奔放に書く等ということは到底許されるものではなく、窮屈な感じは否めない。

そのほか、横浜は黄金町周辺が麻薬・覚醒剤の取引の行われる巣窟で、その現場の経験のため、修習生が「おとり」役になって、やや遠くから私服の警察官が尾行し、街の中をウロついてみたが、街中が一種異様な雰囲気で、薄気味悪かった。敵もさる者で、我々を麻薬・覚醒剤の上客とはみなさなかったようで、街中を歩いても寄りついてきたり、話かけられることはなく、遠くから双方がジロジロと観察しているといったところであった。

さる殺人事件の死体解剖検証が今夜あるとの情報が入り、急遽、修習生は帰宅足止めとなり、解剖の現場の見学をさせてもらった。担当官は、手さばきも鮮やかに、腹をすっと真っ二つに切り開き、臓物を取り出し、腹部にたまった大量の血液をひしゃくでくみ出しながら、傷口の様子、使用した凶器（さしみ包丁）の入り方、腹部を通過して背部にまで凶器が到達している状況をつぶさに検視し、原因その他必要事項を検査した後は、臓物をごちゃごちゃと無造作に詰め込み、最後は腹部が余りにも凹むので新聞紙を何枚もくしゃくしゃにして丸めて押し込み、かぎ針により、太いヒモのような糸で腹部の両端を縫い合わせ、「ハイ一件落着」であった。死体解剖を見るのも初めてであるが、その無造作な処理にア然とし、修習生一同声も出なかった。

指導教官は、ポカンとしている修習生達に「死体解剖の現場修習はこれで終わり。ところで死体解剖の後では、恒例のアカ落としということで肉を食らうことになっているんだ。今から君達を焼肉屋に案内するからついて来い」とのことです。これはまあ残酷な、とは思ったが、皆、気を新たにして教官の仰せに従い、焼肉をご馳走になった。血も滴る肉を見ても先の修習現場の光景は焼肉のうまそうな臭いでケシ飛んでしまい、舌づつみを打って楽しんだ。

②刑事裁判修習

検察修習の次は刑事裁判修習であったが、今日刑事裁判修習でこれと言って記憶に残るものがない。

③弁護修習

弁護修習は横浜地裁の筋向いの三井物産館ビルにある井上綱雄法律事務所で修習することになった。井上先生は裁判所も一目置くといわれるほど、学説判例について生辞引と評されるくらい、お詳しく、準備書面等も理路整然として、しかも、簡にして要を得た文章をお書きになっていられた。私が先生から与えられた課題の訴状その他の書面を書いて提出すると、その場ですぐさま添削され、返却していただいたのであるが、返されて来た書面はものの見事に、私の文章は跡形もない状態になっていた。

井上先生を囲んでの横浜弁護士会の中堅の弁護士数名の方々が週二回位「判例研究会」の勉強会を催して居られ、私も二、三回出席させていただいたが、私は元々法律論はあまり好きではなかったので、勉強会の後の夕食会の方に魅力を感じて出席していたのではなかろうか。

井上先生には何かと可愛がっていただき、ある時は、「清水君、昼飯をご馳走してあげよう」とおっしゃって、馬車道の近くにある「若菜」と云う老舗に連れて行っていただき、おいしい「うなぎ」に舌鼓をうった。

また、ある時は、「清水君、今日は東京高裁へ行くからついておいで」と言われ、同道させていただいたが、横浜から東京程度の近場の出張なのに、何と!!横須賀線の二等車（今日のグリーン車）に乗車された。しかも先生は座られるや直ちに持参された民商法雑誌に目を通されていた。井上先生は私に「弁護士と云うものは、こんなところにも、一般人とは格の違う動きをしなければダメだよ」と教えてくださっていたのかのようであった。

その上、法廷が終って丁度お昼ごろだったので井上先生は「清水君、東京出張の時の昼ご飯は二弁（第二東京弁護士会）の食堂の『柳川鍋』（どじょう鍋）がうまいんだよ。ご馳走してあげよう」と言われて、これまたおいしく舌鼓を打った次第である。

またある時は、「清水君、明日は箱根へ仕事半分、骨休め半分で行こうか。芦の湯にある温泉旅館からの法律相談なんだよ」と言われて、連れて行っていただいた。芦の湯は賑やかな温泉場ではないので、静かな落ち着いた雰囲気の旅館であった。

井上先生は横浜銀行の顧問をして居られて私を株主総会に連れて行って下さり、私は初めて株主総会なるものを見学させていただき、勉強になった。

私が井上先生に可愛がられている状況を見て、事務所の事務方の男性、女性が異口同音に「清水さんが来られてから、お堅い井上法律事務所の雰囲気がガラッと変わって明るくなったわ」と言われて、恐縮した。

様々な全く新しい経験をさせていただいたが、その中で強く印象に残り、後年、私の弁護士としての職務遂行上に少なからぬ教訓となった案件が井上先生の「相続財産管理人」としての毅然とした仕事ぶりであった。

事件は藤沢の鵠沼に在住していたある呉服商人（S氏―仮称）の遺産相続に関してのものであった。

先ずは日本橋あたりで隆々と商売をし、かなりの財をなしたが、いかんせん相続人たる子がいなかった。そこで主人は「もし、自分が他界したときは、全財産を最愛の妻に遺贈する」旨の公正証書遺言書を作成したまでは良かったのであるが、その後、本人は認知症となり、その後、受遺者である妻の方が先に他界してしまった。従って、先の遺言書を書き直すこともできないまま本人も他界し、相続人不存在のまま巨額の遺産が宙に浮いてしまった。かくて、井上先生が裁判所の選任により、このS氏の「相続財産管理人」に就任するところとなった。そのことを聞いて、私は、弁護士には法廷活動以外にこんな分野の仕事もあるんだ、と改めて認識したのであった。

井上先生は、「清水君、弁護士になっても『相続財産管理人』の仕事を裁判所から拝命すると云うことはそうザラにあるものではない。いい機会だから、手伝いながら勉強しなさい。明日は鵠沼にある故人所有の邸宅に行ってそこで財産の棚卸をして目録を作るから…」と言われた。

翌日井上先生に連れられてイソ弁の若い先生と一緒に件の邸宅へ行ってびっくり。広々とした屋敷、立派なお庭、つき山、そして庭の向こう側の林の木々が風に吹かれてざわざわと音をたてているのを見て、しばし、言葉も出なかった。

イソ弁の先生と蔵にある色々な財物を取り出して目録を作っていたら終わり頃に、大き目の風呂敷に包まれたやや背の高い四角い箱のようなものが現われた。

中に何が入っているのだろう?と興味を注がれつつも若干おっかなびっくりで風呂敷をほどきにかかった。イソ弁の先生は「清水君、えらく丁重に幾重にも上等の風呂敷で包んであるから、それ、入っている物は、ひょっとしたら『ミイラ』かも知れないぞ」と脅かされ、私は「先生、変なこと言わないでくださいよ。縁起でもない」と返事をしながら風呂敷を何枚かほどいたところ、それはそれは見事な黒のうるしと金箔塗りの五段重ねのお重が現れた。その時、丁度、窓から光が差し込んできたので、お重は燦然と輝き、私は「うーん」とうなって、またしてもしばし、そのお重を眺めたまま動かなかった。

井上先生の相続財産管理人としての硬軟混えてのお働きに幾つもの教訓をいただだいた。

故人の身の回りのお世話を常日頃していた実直そうな年輩のお手伝いさんは、井上先生が相続財産管理人として就任されて挨拶された時、「ありがとうございます。よろしくお願いしますッ!!」とホッとしたような表情、というか言わないか、大声を出して泣き崩れた。井上先生は、「さぞかし大変だっただろうね。でも、もう今日からは僕がいるから安心して何でも相談して下さい」と声をかけられた。そしてや、あって、お手伝いさんは、故人の亡くなられた後の修羅場をトツトツと話し始めた。

彼女の言によれば、故人が亡くなられたその夜から、相続人ではない遠い親族、縁者達が続々と故人宅を訪れ、お手伝いさんが制止するのも聴かず、故人宅のこれはと思われる金目の物を勝手に持ち去ったと云うのであった。その浅ましい光景を見て、お手伝いさんは「生前何かとお世話になっていた人達が、よくもこんな強欲なことをするものだ」とただただあきれて茫然としていたとのこと。井上先生の前に泣き崩れたのはそのあたりの事情によるものであったのだろう。

井上先生はだれが何を持ち去ったのかをお手伝いさんに「あなたのわかっている範囲でいいからメモして僕に報告してくれ」と申しつけられた。

そしてそのメモを基に物品を持ち去った者共を呼び出し、当人達の前で、井上先生は厳しい面持で、「私は裁判所から選任された『相続財産管理人』と云う公的立場から、当家の財産を持ち去った者に対して、直ちに持ち去り品を当職に返すように通告する。今日から三日以内に持ち去り品を返さない者に対して、「窃盗」もしくは「強盗」罪で告発するので左様承知されたい!!」と強い口調で申し渡された。日ごろ優しく私をご指導下さっている井上先生の正義漢的なお姿もあられるのかと、少なからず感動した。

日ならずして持ち去り品はすべて返却され、そのあたりのいきさつを裁判所にも書面で報告され、井上先生は相続財産管理人としての一つの大仕事を終えられたのであった。

相続人不存在であるから、最終的には、相続財産はすべて国庫に帰属してしまうのであるが、井上先生は故人のお世話を最後までし、財産保全にも一役担った件のお手伝いさんに、裁判所の許可を得て、五百万円か壱千万円の報酬を「ご苦労さんだったね、裁判所も認めてくれたので、あなたにこれをご苦労賃に差し上げるから受け取ってくれ」とおっしゃってお渡しになった。

私は、井上先生の正義のための強硬な一面と人情味あふれるお優しい面の双方を一つの事件で目の当たりにすることができ、私の修習生生活の中で忘れられない強烈な印象となって、今日でも私の脳裏に鮮明に刻み込まれている。

十四期の横浜修習第二班は、竹原、高橋（武）、橘、戸田、瀬高、清水、高橋（勇）の愉快なメンバー七人衆であった。かくて弁護士修習は、あっと云う間に終わりに近づき、最後のしめくくりは、日光の奥の川治温泉旅行であった。往復の列車の中でのとりとめのないおしゃべりや、いつものパターンの賑やかな宴会等々であった。横浜弁護士会での宴会での指導担当の長は大類武雄先生で、万事、おおらかに修習生を処遇していただき、ついぞ叱られることや注意されると云うこともなく、本当に、こんなに官費で遊ばせてもらっていいんだろうかと首をかしげるような日々の連続であった。

④民事裁判修習

横浜での現地修習の最後は民事裁判であった。当時、奇しくも司法修習所で長く指導教官であられた吉岡進判事が、横浜地裁民事部の裁判長として転勤して来られ、我々はその恩恵に浴することができ、毎週、吉岡判事に、二回試験（卒業試験）のための勉強会をご指導いただいた。過去に出題された試験問題を皆で討論する等し、吉岡判事はにこにこされ乍ら、時折、意見を述べられたのであるが、吉岡判事は、これまた、判例学説のすべてを知り尽くしていられる方で、修習生がさも得意そうに何かを発表すると、立ちどころに、「あゝ、君のその意見は○○先生の△△の本に書いてあるよね」といとも軽やかに話される始末であった。それにしても、我々としては吉岡判事のお陰で二回試験も全員無事、通過することができ、修習生を卒業することができたのである。

横浜の現地修習の最後の総仕上げとして、四班の修習生全員と指導教官全員ご一緒で、横浜港から、海上保安庁の巡視艇「すみだ」号に乗船し、伊豆の下田港へと向かったが、海は時化模様で東京湾出港頃から気分の悪くなると云う情けない奴もいた。私は船室で大類先生としばし閑談、先生は「どこかイソ弁のよい所を紹介してあげようか」と声をかけてくださった。無論、当日の夜は、お定まりの呑めや唄えやの大宴会で、検察教官の萩原検事が『黒田節』と『荒城の月』を踊られ、私は歌舞伎の「切られ与三」の名セリフを演じた。何とも豪華な旅行であった。

十一月二十七日には横浜での現地修習の送別会が裁判所、検察庁、弁護士会の三者共催で行われ、盛況そのものであった。宴会が終ってから谷田部弁護教官に連れられてバーやキャバレーを四軒もはしごして深夜帰宅となった。お疲れ様というところか？

十一月三十日は横浜修習最後の日で、二班の七人衆が挙って検察庁・裁判所・弁護士会にお礼参りをした。相変わらず、長富次席検事は、ドスのきいた声で吾々に励ましのお言葉を下さり、やっぱり幅のある大人物だなとの印象を濃くし、自分も自分なりにドスのきいた弁論のできる弁護士にならねばいけないと肝に命じた。

夕方五時過ぎから井上綱雄先生が御招待下さり、中華街の中の最上級の中華料理店である華勝楼本店でご馳走をいただいた。その席で、井上先生から「清水君のように頭が良くて酒が呑めて、社交術がうまいと来たら、あれで成功しなかったとしたら、何かのきっかけで女で失敗しているに違いない」と評され、恐縮した。

三、後期修習（昭和三十六年十二月〜三十七年三月）

①弁護士業一筋に

横浜での現地修習を終え、十二月一日には後期修習が司法研修所で始まり、開始式では所長より、「後期は余計なことに手を出さず、修習の仕上げに専念するように」との訓辞があり、気を引き締めてかからねばと自戒した。

ところで、自分は弁護士になろうと方針は決めていたものの、この先の身の振り方をどうすべきかについて中央大学の行政研究会時代に民法のゼミをご指導いただいた後藤獅奏弁護士にご相談に行った。

私が、「最初から弁護士業でいくのがいいか、それとも、何年間か、判・検事を経験してから弁護士になるのがいいのか、どんなものでしょうか？」とお尋ねしたら、後藤先生は立ちどころに「馬鹿なことを云うな!!初めから弁護士に決まっている！判・検事の肩書なんか全く意味ないね！そんなもので箔がつくとでも思っていたら大間違い、弁護士の心構えとして大切なのは『在野精神』なんだ。いかなる権力にも屈せず、『正義』と『人権』のために勇敢に活動するに当たっては元判・検事の肩書きはマイナスであってもプラスにはならない。わかったな!!」と厳しい口調で私に申し渡された。目の覚める思いであった。

四月からは弁護士業を始める訳であるが、いずれかの先輩弁護士の法律事務所で何年間かは実務を勉強する必要があり、いわゆるイソ弁（居候弁護士）をどこの法律事務所でやらせてもらうべきか、いわばイソ弁としての就職先をどのようにして捜し、決めるべきかとやら不安に思っていた矢先、東京弁護士会では、当時、渡部喜十郎弁護士が司法修習委員会の委員長をしておられ、同先生の肝入りで、新人弁護士を採用しようと予定している求人側の先輩弁護士と求職側の修習生を一同に集めて、集団見合いをすると云うことを企画され、関係者に声をかけて下さり、某月某日、東京弁護士会の講堂に求人側、求職側が一同に会した。

渡部先生より、会の趣旨その他のご挨拶があった後、求人側の諸先輩が順次、ご自分の法律事務所の状況、取扱事件、事務所としての運営方針等々について説明があり、次いで求職側の私達が各人の簡単な自己紹介と抱負を述べ、その後、暫く質疑応答、意見の交換があり、その場で「君、俺んところへこないか？」「よろしくお願いします」と言う具合に、その場で求人、求職の話がまとまる例もある等した。

会の終り頃に渡部先生は私を名指して呼び寄せられ、「清水君、君は児島平君の処へ就職したらどうだい？」と言われ、そこで児島平先生にお引き合わせいただき、会の終了後そのまま銀座七丁目の児島平法律事務所に児島平先生と一緒にうかがった。

かくて四月からは東京弁護士会に入会して弁護士登録をし、児島平法律事務所のイソ弁として働くことになった。

後期修習の修了式は、文京区小石川の植物園で、立食形式のガーデンパーティであったが、ビールを片手に談笑するうち、誰云うことなく、安倍所長の胴上げをして気勢をあげようと云うことになり、「あっ」と云う間に修習生数人が安倍所長を抱きかかえ、杉山事務局長（後の東京高裁長官）が「所長をもし落したら大変なことになる」と、ハラハラしながら固唾をのんで見守る中、安倍所長の胴上げが行われた。その光景は、今もって鮮明に私の脳裏に刻み込まれている。

とまれ、司法修習生時代はまさに、よき師、よき友との出逢いを得て、人生で一番楽しかった時期であったと言えよう。

修習を終え、弁護士になるに際して、弁護修習をご指導下さった井上網雄先生へ礼状を出した。

春らしくなって参りました。

ご無沙汰しておりますが、その後先生はじめ事務所の方々お変りございませんか。私の方は、去る二十四日口述の試験があり、これで殆んどの修習日程を終えたことになります。後は、六日、七日の送別旅行と、終了式（九日）を待つのみといった次第です。尤も、不勉強のため、もう一年修習をやりなおすよう命じられないとも限りませんのでまだ一抹の不安は残っていますが…

先生並びに金原先生にまた山本先生にも色々と御世話になりましたが、四月より向こう三ヶ年の私の勤務すべき事務所を左記に決めさせていただくことができました。

東京都中央区銀座西七丁目六番地三陽ビル三階

児島平《ヒトシ》法律事務所

所属弁護士会は東弁に致しました。

修習の二年間は全く、この世知辛い世の中には珍しくのんびりとした、そして夢のある生活を楽しめたことを今更乍らしみじみと感じております。殊に私の場合、横浜という修習には最適の地で、しかも民事裁判、刑事裁判・弁護のいずれにおいてもその道のオーソリティともいうべき先生方に指導していただく機会に接し得たことをこの上もない幸せであったと心から喜び、且つまた反面、その指導して下さる先生方の熱意に私自身は応え得なかったことを反省しているような次第です。

面接等の度毎に民裁は何と云う判事についたか、と尋ねられ、「吉岡進判事です。」と答え、横浜では何と云う弁護士さんについたかと問われれば（私は一段と胸を張って）「井上綱雄先生です。」と答え、その度毎に、質問者から「君は、いい人の所ばかりについたな。さぞかし勉強もできたであろう。」と言われるのでした。それは恰も、「師良ければ弟子もまた良からずや」と言わんばかりでした。

先日も、金原先生のご紹介で某弁護士宅をお訪ねした際、丁度折よくその場に横浜地裁で七年程も裁判官をしていて今は東京地裁にいらっしゃる「地京武人判事」にお目にかかり、地京判事は「井上先生の所で修習した修習生なら間違いないだろう。あの人は立派な人だものなあ。」とおっしゃっていました。

恵まれた環境の下に修習生時代を過ごした私は全く幸せ者でした。しかし、現在の修習制度そのものについてはまだまだ改善さるべきものがあることも痛感させられました。何よりも、修習全体が余りにも裁判官修習にかたより過ぎていることです。そしてそれは単に、判決文が書けて訴状の書けない弁護士が誕生するという技術上のものだけに問題があるのではなく、依頼者、被告人の権利を守るのに万全を尽す精神の培われていない弁護士が生まれるところに最大の問題があると思いました。

弁護士と云うものは一つの生の事件を法律的に構成する場合に債務不履行もあれば、不当利得もあれば、不法行為もあると立体的に考察し、あらゆる角度から検討した後依頼者の権利の擁護に最も有利なものを選ぶという態度を常に持っている必要があるのだと思うのですが、裁判官は、申立てざる事項についてては判断しなくてもよい（又はしてはならない）ため、出された問題だけの当否について判断するので、裁判修習に実を入れて研修すればする程、弁護士としては余り感心しない精神が培われるように痛感したのです。例えば、私達の書く訴状の文体からして前期と後期とでは迫力の点で後期の方が劣っており権利を擁護しようとする意欲に欠けるものがあるように思われるのです。右のような難点はあってもともかくも法曹一元のためのこうした制度は年毎に改善し、充実させていく分とも、これを廃止すべきではないと思いました。

修習終了式が終わりましたらできるだけ早い機会に御挨拶に伺うようにと思っておりますが、修習中お世話になった井上先生に一言御礼の言葉を申し上げておきたく思いお手紙致したような次第です。

未熟なるこの青き法曹を今後共よろしく御鞭撻下さいますよう心からお願い申し上げます。春とは言え、まだ寒き日も時折ありますす昨今の気候故、先生もお体に十分お気をつけ下さいませ。

長くなりました。今日はこのへんにて失礼致します。山本先生をならびに事務所の皆様方によろしく

さようなら

三月三十一日

清水　直

井上綱雄先生

②豪快な九州旅行

四月からのイソ弁生活の始まる前に、親友で九州・田川出身の二神俊昭君の好意で、九州へ観光旅行することになった。寝台特急「あさかぜ」号で博多へと向かったのであるが、明け方宇部から二神君の従弟が乗車して来て、三人で早朝からビールを呑みながら歓談すると云う始末であった。

博多に着くや、最初にお訪ねしたのは博多の繁華街のど真ん中で大きな月賦百貨店を経営しておられる二男の叔父さんの処であった。「二神本店」と大きな看板をかかげて商品が溢れんばかりに陳列され、従業員が忙しそうに動き廻り、次から次へと来客がある様は活況そのものであった。聞

くところによれば二神家一族は、博多、小倉、戸畑、田川等々北九州一帯に月賦百貨店網を繰り広げられて繁盛しているとのことであった。中でも博多の「二神本店」はズバ抜けて売上を上げていたようだ。

そうこうするうちに、二神家一族の一世、二世が次々と集まられ、先ずは席を改めてゆっくり一杯やろうと云うことになり、「新三浦」と云う有名な料亭に連れて行かれた。

二神君の兄弟や従弟達（二世達）は若手の威勢のいい人ばかりで各地の支店長をしておられただけに、宴会は当初から賑やかそのものであった。昼過ぎから夕方までドンチャカと呑みほうけた揚句の果てに、「さあ、これから街へ戻って呑み直そう」と言って、皆でキャバレー、ナイトクラブを数軒ハシゴをし、夜更けにやっと、二日市温泉の宿に行き、ようやくにして眠らせてもらえると云う状況だった。

翌朝の食事の時も、早や、酒盛りが始まり、遠々と続き、本来は、雲仙―阿蘇、その他の観光に行く予定だったのにどうやら雲行きがおかしくなって来たなと思っていたら、二神君のお兄さんである二神清俊さんが盃を持って私の処に来られ、「清水さん、今日は表は雨が降っちょるで……阿蘇も見えんばい。呑もう‼」…とうとうまたまた今日も朝から芸妓をまじえての一大酒盛りと云うことになってしまった。

翌朝、ようやくにして解放してもらうことができ、雲仙、阿蘇、別府と温泉巡りを何とかやらせてもらえた。ところが、別府ではまたまた、二神家一族が待ち受けていて、ここで恒例の大宴会が行われ、「この分では体をこわしてしまう。早々と帰らせてもらわねば」と秘かに思案するほどだった。

後に知ったことではあるが、二神一族の中で商売人ではない、「弁護士」と云う法律家のお堅い仕事をする人間が出現したのは初めてであったので、一族揚げてのお祝いの宴であったとのことである。

それにしても、早く帰宅して弁護士の修業をしなければと気もそぞろにしていたら、大牟田で月賦百貨店を経営して繁盛している二神君の叔父さんが「清水さん、帰りは飛行機で帰ったらいいよ。飛行機代は私がおごってあげるから」と親切にもおっしゃって下さり、私はまた夜行列車でゴトゴトと帰らなければしょうがないなと思っていただけに、初めての飛行機旅行に心もうきうきで、このプレゼントは本当に有難いと感謝感激した。

かくして、やっとの想いで夜行便のムーンライト号で、伊丹乗継で帰宅することができた。

豪遊そのものの九州旅行であったが、いささか疲れ気味であった。帰京後、その叔父さん（二神茂夫氏）に礼状を差し出したら、丁重にも、叔父さんから次のような、心温まるお手紙も頂いた。

拝復

ご丁重なる御手紙を下さいまして恐縮に存じます

御多忙なる日程の中をさいて私達と御快談下さいまして、光栄と心から御禮申し上げます

わざわざ遠い九州に御出で下さいましたのに何の御もてなしも出来ず申し訳ありませんでし

た。

これにこりずにどうか亦暇をつくってお出掛け下さいませ（今度は必ず大牟田にも御一泊の予定で）

良友を得ると謂ふことは何よりも心強いものですが、俊昭も貴方のやうな立派な友を持って幸です。どうか何時迄も仲良くして下さいますやう心から御願い申し上げます。

よい時候とはなりましたが、御躰には十分気をつけて弁護士として社会正義の為御活躍下さいますやう心から御祈りいたしております

敬具

四月二十三日

二神茂夫

清水直様

その後、二神君にお礼を言いに行ったところ、二神君から、「実は、二神本店の叔父から、『あの清水という青年は仲々いいじゃないか、どうだい?うちの長女を嫁にもらってくれないかな?』と言われたんだよ。だけど俺は君の彼女のことは百も承知していたから、『叔父さん、清水には昔からこの娘と決めたのがいるからダメなんだ』って断ったんだよ」と聞かされた。

第九節　弁護士登録　児島平法律事務所での
イソ弁（居候弁護士）時代
（昭和三十七年四月〜四十年三月）

一、初期の頃

昭和三十七年四月から児島平先生のご指導の下、弁護士活動を始めた。

当時のイソ弁の月給の相場は二万五千円から三万円であった。私は自分なりに他の若手弁護士と比較した場合、自分自身の固有の顧客からの依頼事件が多くなると予測していたので、児島法律事務所の事件処理にさしつかえのない範囲で、自分の固有の事件をある程度自由に処理することを許容していただき、私の月給は月額二万二千円と同僚達よりもやや低めにしていただいた。

それと云うのも高校生、浪人生、大学生の各時代を通じて、一貫して自分の稼ぎで生計を立てていたので、私なりの固有の顧客層があり、弁護士初年度から相応の事件処理の依頼があるものと予測されたからであった。

また、私は司法試験に合格した翌年から毎年、次のように年賀状を私の知り合いの各方面に差し出した。

①「昨秋、司法試験に合格しました。二年後の春には弁護士開業の予定です。よろしく。」

②「来年春には弁護士開業の段取りで進んでいます。よろしく。」

昭和 37 年 4 月　いよいよ弁護士としての日々が始まった

③「今年春には弁護士業を始める予定です。その節はよろしく。」
④「この度、東京弁護士会に入会し、弁護士登録をしました。どうかよろしくお引立ください。」
いわば、未だ弁護士になってないのに「近い将来、弁護士を開業しますから、その節はよろしく」と四回にわたって、「弁護士清水直」を宣伝したという次第であった。

児島平法律事務所は銀座の日本軽金属の本社ビルの裏手にあり、古いビルの狭いスペースの事務所であった。しかし、霞が関には歩いて五分くらいの場所であったので、日々の業務をこなすには申し分なかった。

私の入所する以前は、温厚篤実という表現がピッタシの萱谷幸男弁護士（十一期）がおられた。私は萱谷先生の独立される関係で、運よく空席ができたので入所することができた。ただ惜しむらくは、萱谷先生は独立後、早逝された。

当時は、借地・借家の事件が多く、児島先生の自宅は池袋にあったので、池袋方面の顧客からの依頼が多く、銀座と池袋を頻繁に行き来した。

二年目の月給は三千円上がり、二万五千円となった。しかし、私自身の固有事件も増えてきたので、三年目は無給とし、新人弁護士を雇い入れていただき、私が新人弁護士をしっかり、指導、監督をするという次第になった。

渡部喜十郎先生のご紹介により児島平先生と出逢えたことについては先にも触れたところであるが、渡部喜十郎先生と児島平先生とは四国は愛媛県出身でいわば同郷の先輩・後輩と云う関係にあられ、司法研修所二期生の児島先生は渡部先生の一番弟子のような存在であられたようである。そして、私もいつしか渡部先生の孫弟子のような存在として、お二人の先生から、殊の外、可愛がっていただき、多くのことをお教えいただいた。

二、児島先生から教わったこと

①「和解」

児島先生は事件を和解で終わらせることが多かった。

和解を成立させるためには和解のタイミング、方法、内容の吟味もさることながら、事件を中心にうごめく人達の心理を的確に捉えることが重要であること、また、和解の話が進行する中で、タイミングを見て、弁護士としての報酬も抵抗感なく受け入れられるようにさりげなく申し渡しておくことの大切なことも教えて頂いた。

児島先生は「弁護士業と云えども収支相償でなければいけない。空理空論ばかり言っていたのでは、弁護士としての収入が覚束なくなる。依頼者が報酬を喜んで、また気安く支払えるような解決の仕方を常に心懸けなさい。たとえば、土地・家屋の明け渡し請求事件等は明け渡しの勝訴判決を得ることよりも和解によって立退料が支払われる方向での解決にした方が、支払う側であれ、支払われる側であれ、いずれにしても金が動くので、弁護士報酬もその流れに乗って払ってもらい易い環境になって来る」と教えて頂いた。

②年内処理の意義

ある年の夏の盆休み明けには事務所の手持ち事件の棚卸しをし、事件の進捗具合を見ながら、「この事件は年内に和解で解決ができるようにしなさい。当事者側も裁判所側も懸案事件は何とか年内に片付けて、さっぱりした気持ちで新年を迎えたい、という心理が働いているものだから、こちらもその気になって努力すれば年内に事件を『落す』（解決する）ことができ、弁護士報酬にもつながる。弁護士も暮正月には金が要るんだよ。夏休み明けあたりから『年内処理』を心懸けないと、正月の餅代が稼げないよ」とも言われた。

法律家と云うのは、正義だの人権だのと言っている時は格好いいが、「お金」の問題になると、何となく、さもしく薄汚いように受け取られるような気がして、口にしたがらない。しかし、「衣食足りて礼節を知る」の格言の如く、弁護士と言えども収入が安定しなければ、弁護士として品位ある言動を保持していくことができなくなる。この辺のところを児島先生は平易な表現で言えば、「弁護士としての世渡り術」を教えて下さったのである。

③弁護士会の選挙

児島先生は、私が入所した翌年の二月に行われる東京弁護士会の役員選挙で副会長に立候補されることが予定されていた。そのため、事前運動よろしく、半年以上も前から児島先生のお供をして東弁会員の先輩の先生方のご自宅を戸別訪問して廻った。「児島をよろしく」の投票依頼の行脚であるが、私としては思わぬ貴重な体験をすることができた。それは、「弁護士の経済的地位はそんなに高くない!!」と云うことであった。表通りに面した立派な門構えの邸宅に住んで居られると云う人はむしろ少なく、細い路地の奥まった所にある古ぼけた小じんまりとした家にお住まいの先生、三軒長屋の内の一軒や、一棟二戸建の建売住宅の一戸にお住まいの先生等々で、良く言えば、質素に暮らして居られる。けれども、悪く言えば、弁護士会の控室で大言壮語している先生であってもこの程度の家にしか住めないのか、と思わされる場面もあったりして、考えさせられるものがあった。

児島先生の副会長立候補のお手伝いをするかたわら、どうせ選挙運動をお手伝いするのなら、いっそのこと私も一年生ながら、弁護士会の常議員に立候補してみようと思い立ち、東京法曹会（東弁内の一派閥）の先輩に相談したところ、意外なご意見をたまわった。曰く「弁護士会の選挙の票は取りにくいよ。みんな夫々に色んな人間関係のしがらみがあって、一票取るのも大変なんだよ。経験した者しかわからないけど、本当に苦労するよ。だけどいい経験になるからやってみたら?」と励まして下さる一方で、ご忠告を頂いた。この言葉は正しかった。常議員選挙の一票をお願いしたとき、「あゝ、いいよ」と二つ返事で応答してくれていながら、その実は私に一票を投じてくれなかった者が何人もいたのにはびっくりした。あと一票少なければ落選となるギリギリの得票数で何とか当選して常議員となり得たものの冷や汗ものであった。

このようにして児島先生の下で、弁護士本来の職務の御指導をいただきつつ、弁護士会での役員選挙の実態、派閥活動なるものを体験させていただくうちに、学生時代や司法修習生時代に心に画いていた弁護士像や弁護士会なるものが現実の姿において余りにもかけ離れ、自分が心に画いていたものは単なる美しき理想像でしかなく、現実は、もっとドロドロしたものであることを知らされたのであった。

であれば、現実の弁護士会活動や派閥活動も積極的に体験するのも無駄とは言えないのではないかと感じ、児島先生の東弁副会長、渡部喜十郎先生の東弁会長次いで日弁連会長の各選挙の運動では熱心に活動してまわった。そのお陰で「清水は会務が好きなんだな…」等と誤解され兼ねない状態となってきたので、渡部先生の日弁連会長選挙後は、一切足を洗い、弁護士会選挙や派閥活動等一切と縁を切り、弁護士の本業に徹することとした。

④貸ビルの賃貸借契約を公正証書で行うことのメリット

児島先生の顧問先で、池袋で貸ビル業をしている方がいて、ビルの賃貸借契約はすべて公証役場で行い、賃貸借契約書は公正証書で作成すると云うものであった。木造二階建の古ぼけた貸ビルの貸室賃貸借契約なのにわざわざ貸主、借主双方が出頭してそのようにすることにやや異和感を感じ、「何故かな～」と思っていた。

ところが、後日、貸主から、「先生、ビルの賃借人がもう三カ月も家賃を払わないで、居座っているので、何とかして下さい」との依頼があり、私は、「明け渡し訴訟なんかやると半年や一年がかりになるから、とりあえず公正証書に基づいて、貸借人の家財道具その他めぼしい財産があったら差押えしましょう」と解答し、早速、公正証書正本に執行文をいただき、賃借人の部屋を訪れ、机、椅子、応接セット、タイプライター、コピー機等々貸室にある有体動産を差し押さえ、競売の予告をして一旦は引き上げた。作戦は見事、的中し、貸借人は滞納していた家賃を払って、「この家主は怖い」とでも思ったのかそそくさと明け渡していった。滞納家賃と云う金銭債権取り立てだけでなく、貸室の明け渡しと云う強制執行的行動が公正証書の威力で行ない得たのである。

私は、「成程、建物賃貸借契約を公正証書で行うことにこんなメリットがあったんだ！」といたく感じ入った次第である。

⑤笑い話

話が変わるが、児島先生がある時、ご自身の机の上の山のように積まれていた手紙や葉書を整理されていた際、「あれ、大変だ！○○さんのお嬢さんの結婚式の出欠の御返事を忘れていたよ。見れば明日ではないか。先ずは、万障繰り合わせて出席しよう。清水君、明日の法廷は君、よろしく頼むね」とおっしゃって、翌日、礼服を召して結婚式場に到着して見たところ、関係者は誰も居らず、新郎新婦の名前の載った看板も見当たらず、「おかしいぞ？」と思って、件の○○さんに結婚式場から電話をかけたら、意外や、「えっ？児島先生ですか？娘のことですか？娘は昨年めでたく結婚式も挙げさせていただき、お陰様でもう子供一人も産まれて、夫婦と孫の三人が今元気で幸せに暮らしていますよ。児島先生お気遣いくださりありがとうございました。…」とのこと。児島先生の手許にあった結婚式の招待状は実は一年前のものであったとか…。

「児島先生、ちょっと忙しすぎますよ。雑務をテキパキ処理してくれる優秀な女性秘書をお雇いになった方が、今後、何かとよろしいのではないでしょうか?」と進言したくなる一件であった。

尤も、児島先生のような大先輩でも、時にそのようなこともあるのかと思うと、若輩の私共は陰で「クスッ」と笑いながら、「稚気愛すべしか」と納得し、この一事で、逆に児島先生の人間的温かみを改めて認識させられた想いがした。

三、初めての企業再生事件

イソ弁となって三カ月後の七月頃に同期の弁護士から、「深川の材木屋の再建の事件を手伝わないか?」と誘われ、これが、私の企業再生事件を扱う手初めとなった。

すぐさま現地へ行き、件の材木屋の主人と会って一言、二言話すうちに、「あ、この人はお人好しで、他の人を押しのけてでも金儲けをしよう等と云うことはとてもできそうにないな」と理解した。

その後、債権者である同業者や従業員、その他関係者と面接したところ、「おや?何だか変だな?倒産事件らしい殺伐とした雰囲気が無いどころか、むしろ、『這えば立て、立てば歩めの親心』みたいに関係者が逆に心配して、「お前、明日からどうやって商売続けるんだい?助けてやってもいいよ」と云う具合で、何とも言えぬ人間的ぬくもりさえ感じられた。

更にびっくりしたことは、当の夫婦が二人して、資金繰りのために、主人は同業者の社長の主人に個人的に頼み込んでその場しのぎの資金集めに奔走し、女房は女房で、同じ同業者の奥さんの所に頼み込んで金を借りた。その結果、フタをあけて見ると、債務は三倍にふくれあがり、債権者たる同業者達は、夫々の家庭で夫婦して「何だお前も貸していたのか！」「何言ってんのよ、あなたこそ、あたしに相談しないで貸し込んじゃって、しょうがないわね、夫婦してうまくやられてしまったって訳ね！」と言った会話があちこちでなされたとのことであった。

それにしても、夜な夜な債権者たる同業者が件の材木屋に集まって協議するのであるが、会議の後は債務者の女房の手造り料理で一杯やって、その後、近くのバーで二次会と云う流れであった。それは債権者会議等と云うのとは程遠い和やかな寄り合いと云う雰囲気であった。私は「ああ、これがいわゆる下街の心意気と云うものかな？」と変に感心した次第である。

手造りの料理の中でも人参と昆布で作った醤油漬けの「松前漬け」が特においしかったので、その作り方を教えてもらい、後日、吾が家でも時々酒のつまみとして作って皆でおいしく食した程である。

材木屋のおかみさんの姉にあたる方は、でっぷりと太っていて身も心も明るく、周りの人に安心感を振りまくタイプの人柄で、材木屋の面々がうち揃って居酒屋やバーに行く様子を見ているうちに、「そんなら、こちらで、バーでも開いて、うちの所で金を使ってもらう方がいいんじゃない？」

と言って、門前仲町の裏通りに恰好の店をみつけてバーを開業することになった。そこで、私に「金もうけができるような良い店の名前を考えてくれない？」と頼んできた。そこで私は「そうだなあ、見え見えの金もうけのための店と疑われないように、もうけるではなくて、ちょっと横文字風にもじって『モカール』と云うのはどうだい？」と提案したら、「それはいいね」と云うことになり、『モカール』と云うバーが誕生し、材木屋のおやじさん達が連日、呑みに集まって店は繁盛した。酒をくみかわしながら、材木屋の面々は「『モカール』か、それにしても女はやっぱり抜け目がないよな」等と言いながら怪気炎をあげて楽しそうだった。

とまれ、この事件で企業再生事件と云うのは法廷活動とは比較できない程「人間くさい」と云うことも教えられ、私が企業再生事件に興味を持つきっかけとなった。

四、焼きトン屋事件

中央大学の研究室「行政研究会」で共に勉強していた同級生が、私より一年遅れて司法修習生となっていたが、ある日、「清水君、一つ頼みがあるんだけど…」と言って来た。聞けば、彼の友人とその母親がふとした機縁で新三河島駅の近くにある、「有力な上場会社」の、主力工場の正門のすぐ脇で、ささやかな焼きトン屋の店を開いているとかで、味が良いので評判良く、常連の客といえば、家主であるその会社の人達もよく利用してくれているとのことであった。しかし、主力工場の正門脇に焼トン屋があるのは、さすがに、ふさわしくなく、地主側から立退の要求をされるところとなり、私の友人の処に相談に来たと云う次第である。早速、現地へ赴き、店を見せてもらい、当の息子さんと小柄な人の良さそうなお母さんに面会し、ことのいきさつを聞き、対策を相談した。私の感じたところは、法的にも経済的にも、長くこの場所で頑張ることは難しいなと感じ、方針としては話し合いで立退猶予期間をできるだけ長く頂き、立退料もそれなりの額をいただいて、今の場所の近くに別途、新しく焼きトン屋を立ち上げるのが最良と判断し、その旨お二人にお伝えしたところ、そうしましょう、交渉は先生にお任せします、とのことであったので、とりあえず、委任状をいただいて、地主である会社側に連絡をとった。

ところが、あにはからんや、相手方の顧問弁護士は私の親しく存じ上げている中大同窓の先輩弁護士であった。横浜の現地修習の最初の検察修習は、十三期と十四期合同の修習だったが、その時の十三期の弁護士の深沢武久さんである。久々にお会いして横浜時代の想い出話もしながら、和気あいあいの間に交渉させていただいた。深沢法律事務所はお父上の時代からの弁護士稼業である由で、しかも深沢先生自身が温厚篤実そのものの気品ある人格者で、後に東弁会長にもなられた。

立退の条件交渉も極めてスムーズに運び、私が、条件を提示すると深沢先生はいとも軽やかに「いいよ。いいよ」と快諾して下さり、立退要求は短時日に妥結し、即決和解をして解決するところとなった。立退猶予期間三年、立退料・百五十万円とするものであった。私は当の息子さんとお母さんに、「相手方の先生が人徳のある方で良かった、三年と云う立退猶予期間は大切です。その間にしっかり、商売で稼いで、近くに自分の土地、家屋を買いましょう。一体月いくら位貯金できそう?」

とたずねたら「月三万円位は頑張ります」との返事。「だったら三年で百万円以上貯金できるね、頑張れ！」かくして三年後、すぐ近くに手頃な物件を購入することができ、焼トン屋業はまずはめでたしめでたしとなった。

そして、お母さんは、事件終了後も、「私達一家がこうして何不自由なく暮らせていけるのは清水先生のお蔭」と常日頃感謝して下さり、毎年五月五日の「子供の日」には、「先生のお子様方に何かを買ってプレゼントして下さい」と言って、毎回金五千円の現金を封筒に入れて持参され、五年、十年、と長きにわたってお届け下さった。まさに「貧者の一灯」の言葉にふさわしい心に残る事件であった。

五、借地・借家事件

昭和三十七年頃は、土地・家屋の明渡請求事件が多かった。自宅として使用できる自分の土地・家屋が持てる人は少なく、結局は、借地・借家に頼らざるを得ない社会情勢であった。地主・家主の方が強く、どちらかと云うと借地人・借家人側の何らかの欠点・弱点を捜し出していわば、「いちゃもん」をつけるような形態で明渡しを要求すると云う風潮すら感ぜられた時代である。

不動産に関する事例なので、本訴提起前に「処分禁止」「占有移転禁止」「現状不変更」等の仮処分命令を取得し、その執行をすると云う作業が多かった。週に二件も三件もやることがあり、民事第九部の主《ヌシ》のようなヴェテラン書記官に何やかやと大変お世話になった。初めのうちは、書類が不備だと受け付けてもらえず、すごすごと書類全部を持ち帰り、補充して翌日また提出すると云うことを繰り返したりしていたら、ヴェテラン書記官もさすがに可哀そうとでも想って下さったのか、曰く「『追完の附箋』を付けておくから、足りない部分の書類は後から、できるだけ早く提出して下さいよ」と言ってとりあえず受け付けてもらえた。この一件で、「追完」という取り扱いを初めて知った。また、申立時に提出すべき、「当事者目録」「物権目録」「登記権利者・義務者目録」等々の書式・通数も教わった。と同時に、書記官の存在の重要性、その仕事振りを勉強させてもらった。

六、簿記会計の実務の勉強

企業再生事件に興味を持つと同時に、「簿記・会計」の知識・実務を習得する必要性を痛感し、早速、知り合いの税理士にその方が顧問をしている会社の帳面付け・伝票処理等の作業を現実に手伝わしてもらいたいが、如何ですか？とおたずねしたら、税理士の先生は、「弁護士と云う立派な肩書をお持ちの方が手を染めるような作業ではありませんよ、高卒の若い者が処理するような、ルーティング・ワークのようなものですから、先生は会計学の本をちょいとお読みになれば、それで充分でお仕事に支障はないと思いますよ」とおっしゃった。

しかし、私は「いや、先生、きちんと整理して作成された、貸借対照表と、損益計算書もその制作過程を知らなければ、本質を見抜く眼力は備わりません。先生の顧問先二社位について、私に伝票処理から帳面付けまでやらせていただけませんか？」とお願いした。「それでは…」と云うことで、翌日から、その作業にとりかかった。

出金伝票、入金伝票、振替伝票、総勘定元帳等の記帳、試算表等の作成等をするうち、自分なりに、人・モノ・カネの動きが伝票に如実に反映されていることを知り、少なからず、感動した。

この記帳作業の勉強の成果として、後日、不正会計、粉飾決算を見抜く技術を習得させてもらえた。

過去五期分の比較貸借対照表・比較損益計算書・資金繰り表とこの伝票の動きをつぶさに見ることで立ちどころに、問題点を洗い出すことができることを知った。この経験は、後年、不正経理、粉飾決算に関連する刑事事件の証人尋問をする際に如何なく威力を発揮することができ、経理事務のヴェテランの証人が、のらり、くらりと言い逃れをしようとする際、経理の実務面から、伝票の動き、カネの流れ、人の動きをつきつけ、証人を立ち往生させた。

七、質屋さんからの仕事

弁護士登録後二～三カ月後に先にも触れた日本学生協会の川上さんが「自分が何かとお世話になった質屋さんが、貸家の明け渡しの件で誰か担当してくれる適当な弁護士を紹介してくれないか」とのことなので、「清水君、丁度良かった。おたずねして話を聴いてあげてよ」と言って来られた。

かくて、中野駅近くの質屋さん、「三富さん」のお店をお訪ねした。

聞けば、すぐ近くにもうかなり年数のたった古ぼけた平家の貸家が一軒あり、そこには、お年寄りのおばあさんが一人つつましく住んで居り、家賃も安いので、何とか立ち退いてもらって、中層のアパートでも新築して、もう少し効率よく家賃を稼げるようにしたいが、とのこと…

借家人の方にこれと云う法的・落度は無いので、立退猶予期間や立退料の条件を提示して話し合いで解決するしかないと考え、先ずは件のおばあさん宅をお訪ねした。

当のおばあさんは、若い頃は売れっ妓の芸妓だったとかで、歳はとっても、品の良い美人のお年寄りといった感じであった。

私が初対面の挨拶をして弁護士の名刺をお渡しして、「この家も、かなり古くなって、中野駅近くの家としてはふさわしくないので、家主さんとしては、何とか立ち退いていただけないか？との ことなのですが…何らかの退去条件があればおっしゃって下さい」と申し上げたら、おばあさんは、急にきちんとお行儀に坐り直されたうえに両手を合わせて、私を拝むようにして「弁護士さん、私はごらんのとおりの年寄りばあさんです。もうそんな長生きはしないと思いますよ。どうか、この住み慣れた家であの世にお参りさせて下さいよ、弁護士さんお願いです!!」と哀願された。

私は、このような交渉（法律論ではない）は初めてであったので、面食らい、むしろ、おばあさんに同情するような気持ちにもなってしまい、どうしたものかとハタ、と困惑したものの、自分の職責を考え、「おばあさん、今日はこんなきついことをのっけから申し上げておばあさんを困らせてすみません、でも弁護士として私の職責柄、こうしてお話しするしかないのです。今日はこれで一旦、帰ります。また、二、三日後には伺いますので、できれば、おばあさんの信頼のおけるご親戚や知人の方に相談されてみてはどうですか?」と伝えてその日の交渉は終わりにした。

訴訟や調停以前のことなので、粘り強く、二度、三度、とお伺いするうち、おばあさんとの間にはそこはかとなく情の通ずるところがあったのか、おばあさんもやっと何とかせねばと思われたらしく、さすがにしかるべき人に相談されたと見え、退去交渉は前向きに進み、退去猶予期間、退去料等の条件について合意することができた。

この交渉がうまくいったので、三富さんは杉並区・練馬区等で立派に質屋さんとして経営しておられるお仲間に私を紹介して下さった。

練馬区で隆々と質屋をして居られる方から聴いた質屋通いの当世風が面白かった。誰しも、質草になる物を持って質屋さんへ行く処を他人に見られたくない。その心理をうまく逆手にとって、件の質屋さんは、「質屋をご利用下さる皆様、当店では、お電話下されば、いつでも当店の方から車で、質草の品物を受け取りに参上します。わざわざ当店へお越しいただかなくても電話一本で御用を済ませます」とのビラや、お報せ文を地域一帯に配布して宣伝した。これは前述の「他人」にみられたくない」と云う顧客の心理と「物を自分で持ち運びしなくても良い」という二点の利点があり、かなりの顧客が抵抗感なく利用したとのことであった。

八、新生活のスタート

①結婚

昭和三十九年十月二十日、赤坂山王日枝神社のすぐ傍に新しくできたばかりの東京ヒルトンホテルで結婚式を挙げ、小林由美子と夫婦になった。その時の招待状には清水・小林両家の父親の挨拶状に私達二人の挨拶状も加えた。

謹啓　爽秋の候益々御清栄の御事とお慶び申し上げます。
この度、江澤義雄様御夫妻の御媒酌により、繁一次男直と孝男長女由美子と婚約相整い結婚式を挙行致す事に相成りました。就きましては幾久しく御懇情を賜りますよう右御披露かたがた粗餐差上げ度存じますので御多忙中恐縮に存じますが何卒御来臨の栄を賜り度御案内申し上げます。

菊かおる秋
東京オリンピックの開かれる時
　私達二人は結婚します。
馴初の頃から婚約期間、
そしてこの度のゴールイン
長い間、優しく、あたたかく、
親切に、導いて下さって
ありがとうございました。
皆様に対する私達の感謝の気持
それに今の喜びとをこめて

敬具

記

一、日、昭和三十九年十月二十日（火）
一、時、午后四時三十分
一、所、東京ヒルトンホテル
昭和三十九年九月吉日

清水繁一
小林孝男

追ってお手数乍ら同封葉書に御出席の御都合の程を十月五日までに御返事をお願い申し上げます。

皆様にささやかながら
おもてなし等を
させていただきたく
上記のように結婚披露宴を
催すことに致しました。
お忙しいところを
おそれいりますが
どうぞ　おいで下さいませ。
一九六四年九月吉日

しみず　ただし
こばやし　ゆみこ

かくて見染めたときから待つこと八年後の挙式となった。それにしても私は二十九歳と十一カ月（三十歳直前）と云うのに、女房は十九歳と八カ月のうら若き娘であった。それからあらぬか小林家の親戚の方が、結婚のお祝いと云うことで、小林家にお見えになった際、「それにしても十九歳、まだ若過ぎて何だか可哀そうな気がするのよ」等と言われたとのことである。後日、女房の母が語るところによれば、結婚式当日、ホテルの従業員たちが口々に「今日のお嫁さん可愛らしい!!」とほめてくださったとのことであった。無理もない話で、十九歳のお嫁さんは、そう、ざらには居ない。と云う本人は「人さらい」と酷評されても仕方ないところか…。

媒酌人は司法修習生時代の民事弁護教官であられた江澤良雄先生にお願いした。

披露宴では江澤先生から型通りのご挨拶をいただいた後、次のようなお話をいただいた。曰く「――新郎はさすがに法律家らしく、実は、この披露宴に先立って、本日午前中に世田谷区役所に婚姻届を出して来たとのことでございます。世間では、しばしば、結婚式や披露宴を賑々しくやりながら、法律上の正式な婚姻届はしないままに子供ができて、あわてて婚姻届をする等と云うこともしばしばあるようですが、そこは、新郎は、本業の法律家らしくきちんと婚姻届を済まされ、その証明書が、ここにございますので、読み挙げさせていただきます」と話された後、私が事前に江澤先生にお手渡しておいた「婚姻届受理証明書」を、声高らかに読み挙げて下さった。

一般人の婚姻披露宴ではないことなので、御出席の皆様も「ほほう、成程、成程」とうなづいておられたようで、私の若き法曹人としての、将に面目躍如たるものであった。

主賓のご挨拶は、井上網雄先生にしていただいたが、先生特有のお堅い話であった。

また友人の瀬高真成君が、「謡」を披露してくれた。もう一人の友人の高橋武君は民謡の『さんさしぐれ』を唄ってくれた。

また、例によって、横浜二班の七人衆は新郎である私も加えて『二人は若い』の唄を合唱した。曰く、「『直ちゃん』と呼べば『由美ちゃん』と答える。山のこだまぁのうれしさぁーよ、『あなぁーた？』『何ぁーんだい？』あとは言えない、二人は若い…」

賑やかな、楽しい、ほのぼのとした結婚披露宴を催してもらえて、私達二人は幸せ一杯の気持ちだった。

女房の高校時代の恩師福井先生は、「今日のご感想を一言したためて下さい」と言って出席された方々におまわししたスケッチブックのようなものに、おそれおおくも、ギリシャのパルテノン神殿を遠くから眺めた絵をサインペンで書いてくださった。この絵の原画は今も大切に保管されていてコピーしたものが食堂の壁に飾られて、夫婦して時折、チラッと眺めて楽しんでいる。

また、友人の戸田孔功君は「清水直ちゃん、長い間の辛抱、ほんとにごくろうさん、いつまでも、お幸せに」としたためてくれた。

親友江草利幸君は結婚式への出席のご返事用のハガキに「此の良き日を何年待ちました事やら…。私事以上の感激です。本当におめでとうございます」と添え書きしてくれた。

親友の竹原茂雄君も同じく「おめでとうございます。喜んで出席させていただきます。待ちに待った結婚式、さぞや心ウキ・ウキだろうと推測しています。由美子さんにもよろしくお伝えください」と添え書きしてくれた。

昭美姉の出席のハガキには「何はさておき行きますよ。ことのはじめから聞かされて、この日を待っていたのですから」と被害者意識が見え隠れするような添え書きがされていた。

それもこれも私と由美子のこの日までの長い道のりをかねがね私から聞かされた上での「やれや

れ、これで良かった」というある意味ではホッとした安堵の気持ち一杯のご感想文と云うところのよう。いやはや「どうも長い間何かとご心配かけてすみませんでした。でも今は二人とも幸せです。」とお礼の言葉を申し上げたいところだ。

②新婚旅行

挙式の当日の夜行列車で上野を出発し、北陸方面へと新婚旅行するところとなった。

第一日目は黒部渓谷でトロッコ電車に乗って鐘釣駅まで行ったが、往き復りの車窓から見た渓谷美は、丁度、紅葉のシーズンでもあったので目の覚めるような想いをした。翌日は、富山から電車、ケーブルカー経由で立山の彌陀ケ原へ行き、第二日目の夜は彌陀ケ原ホテルに泊まったが、寒くて、二人してしっかり抱き合って寝た。三日目は金沢へ行き、兼六園を散策し、その後、親友の田中幹則弁護士夫婦と合流し、片山津の温泉旅館へと向かった。田中君は一年早く結婚していたので生まれたばかりの第一子の赤ん坊ちゃんも同道しての和やかな旅行となった。四日目は岐阜、長良川沿いの旅館に泊まり、吾々二人だけ乗船する船を用意してもらって、鵜飼い見物をした。やゝ肌寒い季節となっていたので、船には温かい置ごたつが用意してあり、二人してこたつに手足を突っ込みながらの見物となり、これまた、別の意味で良い想い出の一つとなった。そして翌日は名古屋から、走り始めてまだ一カ月にもならない「新幹線」に初めて乗り、新婚旅行の締めくくりとした。

帰宅してすぐに女房が、小林家の実家に「ただいま帰りました。」と報告するや、「すぐにも来なさい！」とのこと、娘が嫁いで、一人いなくなって余程、小林家一家はもの淋しかったものと見える。

新婚旅行先のことや、結婚式のこと等、皆で賑やかに談笑し、杯を傾けた。

その後、近しい人に次のような挨拶状を発信して結婚の報告をした。

　　青く高い空
　赤や黄に色づくもみぢ
秋も一段と深くなって参りました。
その後、お変わりございませんか。
さて、私達二人は去る十月二十日
江澤義雄様御夫妻の御媒酌により
東京ヒルトンホテルで
結婚式を挙げ、夫婦となりました。
結婚前の私達にお寄せ下さいました
かずかずの御好意に
厚く　御礼申しあげます。
これからは二人共にはげましあい
足らないところを互いに補いあって

立派な家庭を
築いていきたいと思います
今後、夫直《タダシ》は弁護士の仕事に
また、妻由美子はデザインの勉強に
それぞれいそしんで参ります。
どうか　これからも　よろしく
御指導、御鞭撻下さいますよう
お願い申し上げます。
昭和三十九年十一月吉日
清水　直《タダシ》
由美子
(旧姓　小林)

③新婚生活

二人の新居は東急大井町線の尾山台駅から徒歩三分くらいの所にある、芦名さんという方のお宅の二階の六畳と八畳和室の続き間をお借りすることができた。駅から静かな落ち着いた雰囲気を歩いて表通りからはやゝ奥まって入った所であった。

部屋の入り口の横にある押入の一番奥まった角の部分の三尺四方のスペースを改造してガス・水道を設置し、ミニのキッチンができた。初めのころは女房は飯の炊き方も知らなかったので、私が米に対する水の分量や火加減の仕方を教えたりして新婚ホヤホヤの危なっかしい生活が始まった。

帰宅の途中、自由が丘駅で下車して駅前にあった「ヒサモト」という洋菓子店のケーキを買って二人しておいしく食べたものだ。自由が丘には「モンブラン」という有名な洋菓子店があったが、私達は、「ヒサモト」のケーキの方が味が軽く、そちらを好んだ。

家主の芦名さんのおばあちゃんは息子さん夫婦と男の子、女の子の二人のお孫さんと一緒に住んで居られたが、それはそれはとても優しく、人懐っこい方で、若いお嫁さんである女房を吾が娘のように可愛がってくださった。「由美子ちゃん、お風呂が沸きましたよ。お入りなさい」と声をかけて下さる等、何くれとなく、いろいろなことを教えて下さり、私達もまるで芦名さん一家の家族のような、ほのぼのとした日々を送らせていただいた。

聞けば、ご主人は早逝されたとのことであった。

大先輩の渡部喜十郎先生のお住居が、同じ大井町線の尾山台駅から二駅位先の上野毛駅と二子玉川駅の中間あたりにあったので、新婚早々、二人でご挨拶に伺かったら、私達が近くに引っ越してきたことを大変喜んで下さり、「今度は、俺が君たちの新居を訪ねるよ」とおっしゃった。日ならずして、渡部大先生は、わざわざ尾山台の私の間借りしている所へ足を運んで下さり、部屋に入るなり、「おっ、立派な床の間・違い棚付きの部屋じゃないか。丁度良い。俺が掛け軸を一本寄贈しよう」とおっしゃって、二、三日後に一匹の大きな鯉が泳いでいる立派な掛け軸をご持参下さった。そして、自ら床の間に吊り下げられて、「うん、これで様になったな。よかったよかった」と吾がことのように喜んで下さり、我々二人は「こんな高価なものをいただいて、本当にありがとうございます。末永く、鑑賞させていただきます」とお礼の言葉を申し上げた。この掛け軸は今も私の家の床の間に時折かけさせていただいている。

また、昭和四十年の正月、新婚ホヤホヤの私達夫婦は島田武夫先生のご自宅に年始のご挨拶にうかがった。

島田先生は、法学博士、日本弁護士連合会会長もされた大先輩であられ、先生との出逢いは後述（272頁）の刑事事件の弁護であった。

島田先生は私達夫婦に次の二つの人生を通しての宿題を下さった。その一は、「子供孝行」であり、その二は「徳を残せ」であった。「子供がいるということはありがたいことだ。わが子あるが故に生きる喜びを知り、道を間違えず、心の平和を得ることの多いことを知れば、親孝行以上に子供のために孝行しなければいけない。はずかしくない立派な父親、母親になることを心がけなさい」「人が財や名誉を得ることはさほど難しいことではない。しかし、『徳を残す』ということは難しいことだ。どうしたら徳を残せるかを念頭において歩みなさい。君のことだから、これから先々政界、経済界等、各界から色んな誘いの声がかかるかも知れない。しかし、私の見たところ、君は弁護士という職業に最も向いている。弁護士という職業についたからには、脇見をせず、これを天職と心得て精進し、そして『徳を残せ』」と言われた。

その宿題のたとえ一部でも成し遂げたいものと乞い願いつつ、いつしか私も早や、八十八歳、弁護士六十一年にもなってしまい、先生から頂いたこの宿題のいかに偉大であるかを今更ながら噛みしめつつ、頭の下がる想いがし、いまや、日暮れて道遠しの感ひとしおと言った昨今である。

④家計についての取り決め

弁護士三年目の頃は、経済的にはそんなに余裕はない。そこで女房と、家計について相談した。弁護士の収入は毎月きちんとあるのではなく、どかんと大きく収入があったと思っても、その後二〜三カ月は全く収入がないと云うこともある。事件処理の「着手金」と「成功報酬」が不規則に入って来るからである。特に駆け出しの若い弁護士には顧問料を毎月末定額を払ってもらえると云うような状況になく、どうするかと云うことになり、第一段階は、収入・支出をガラス張りで、入金したら、全額を一旦、女房に流し、仕事上必要とする時、必要額を女房から交付してもらう、と云うことにした。二〜三カ月これを実行したところ、女房の方から、「私は、毎日、大根一本二十円とか卵一ケ十円とかで、やりくりしようとしているのに、あなたの方の収支は何万円、何十万円単位なので、とても釣り合いがとれなくて頭が混乱しちゃうわ、家計と弁護士業の収支は別会計にして下さい」とのこと。これはこれで、無理からぬ申し出である。いわば収支の規模が違うのであるから、「別会計にしよう」と云うことになり、第二段階は、収入の二分の一を家計に入れ、残りの二分の一は弁護士業の諸経費として私が自由に使用すると云うとり決めをして、また二～三カ月過ごした。ところが、今度は私の方がネをあげてしまった。収入の二分の一の範囲では弁護士業としての諸経費を賄い切れないのであった。そこで三回目の取り決めで、私から家計費として弁護士としての収入があるか無いかに関係なく毎月定額（六万円）（いわば給料的に）を女房に手渡すと云うことに取り決めた。ところが、弁護士駆け出しの頃の私はその定額を毎月キチンと女房に渡せる状況にはなく、現実には「前月」「今月」二カ月未払いの後「三カ月目」に収入があってまとめて三カ月分を払うと云うこともあり、新婚生活が始まってから二～三年は「パパとママの貸し借り帳」なるノートが存在した。

とまれ、曲りなりにも家計費を何とか賄い得、後年、大井町に念願の我が家を新築することになった時、少ない収入でも懸命に倹約してくれていた女房が「三年間毎月二万円ずつ貯金したのと、ちょっと余裕のある時に五万円とか十万円貯金してたので合計で百万円位貯まったから家の新築資金に使って…」と申し出てくれて、大変助かった。まさにかの有名な昔話「山内一豊の妻」の現代版であった。

九、田中角栄氏との出逢い

結婚した翌年の昭和四十年十月、奇しくも、若干三十歳の私が、当時、飛ぶ鳥を落とすが如き勢いの田中角栄氏から、日米両国にとっても佐藤内閣にとっても極めて重大な事柄に関連する案件を依頼されることとなった。

話をもって来られたのは当時、共同通信社の関東総局長をして居られたマスコミ界の重鎮・小原良二氏で、小原氏は田中角栄氏から「実は折り入って是非とも頼みたいことがあるので早急に来てもらいたい」とのことで、田中氏がよく利用していた赤坂の料亭「千代新」に出向いた。

田中氏の言によれば、「あなたもご承知の通り、目下、佐藤内閣としては最初の大きな外交問題として、日韓基本条約の締結、その批准と云う大仕事を成し遂げねばならないのだが、岸信介内閣時代の安保闘争や、ハガティー事件のような不始末で終わらすことは絶対に避けなければならないんだ。社会党や共産党はまたしても連日デモをやって阻止しようとすることはまちがいなく、条約の締結、批准の行程間近となるとその行動は過激となることは疑いないところ。しかし、デモそのものを阻止することは、やぶ蛇になるから、デモはデモでやらせたとしてもデモが暴動化しないようデモ行動の規制はしなければならないが、これに駆り出された警察官や警察当局の者が後日、法廷闘争で、無残な状況でつるし上げられないようにしてやる必要がある。デモ規制の方法が、後日、法廷闘争になっても、充分斗えるよう正しく準備・指導しておきたい。ついては、これについて弁護士の協力、意見を聴きたいので腕のいい行動力のある若手弁護士を集めてくれないか。自民党には党としての『労政弁護団』なるものがあるんだけれど、こちらはどちらかと云うと長老格の弁護士ばかりで考え方も行動力も自分としてはいただけないので、若手を頼む」とのことであった由。

そこで小原氏はさる人を介して私に面会し、先の田中角栄氏の要請をかいつまんで話した上、私にこの要請に応えられる若手弁護士数人を集めてくれないか、と言われた。

そこで同期の若手弁護士数人に声をかけ、事の次第を話したところ、全員快諾してくれて、何はともあれ、一体、どのようにデモが行われ、それを警察側がどのように規制しようとし、その結果、どのような混乱が起きる可能性があるのかを、先ず、現場の状況確認を日々手分けして行う必要がある、との結論に達した。


そこで、先ずは弁護団と田中幹事長との初顔合わせをしなければ、と云うことになり、某月某日、弁護団全員が「千代新」に集まり、田中幹事長と面談した。

田中氏はお定まりの扇子をパチパチさせながら、前述の内容の話をされ、実務的な詳細の打ち合わせは榎本秘書や警察側とよろしくやってもらいたい、とのことであった。

一通りの話が終わる頃を見計らって、田中氏は「今日は、皆さん、お忙しいところを集まっていただいてご苦労様でした。私はこれにて先に失礼します。ついては些少ですがこれ『お車代』です」とやや厚めの角封筒を田中氏自ら一人一人に面前でパッパッと手渡した。私は、「ははーん、これが所謂角栄流の人心収攬術なんだな」と感じ入りながら、受け取った角封筒はそのまま懐に入れ、後は皆と一緒においしい酒をくみかわし、楽しいひとときを過ごした後、ややほろ酔い加減で家路についた。

帰宅して、女房にさも得意気に、「今夜はかの有名な田中角栄幹事長に会って来たよ。やっぱり迫力ある人だと思ったね。それで帰り際に角さんから『お車代』と言って、これ受け取って来たんだ」と軽い気持ちで、例の角封筒を女房にひょいと手渡した。ところが、女房はその角封筒をあけて見て、すっとん狂な声で、「あなた、大変！『お車代』って言ってたけど、二十万円もはいっているわよ！」と叫んだ。私は「ええ！そんなに入っていた?」と、びっくりすると同時に、「やっぱり角さんは違うね、凄い人だ！」と言って、新婚早々の二人は喜び合った。

当時、一般的には「お車代」と言えば、五千円か一万円が相場で、二万円と云う「お車代」ですら珍しい頃に、角さんの私達に手渡した「お車代」は、まさに角さんの「十倍の哲学」の通り、二十万円だったのである。所謂、角さんの人の度肝を抜く金の使い方そのものであった。

その後、角さんから要請された作業にとりかかり、赤坂のホテル・ニューオータニに一室を借り上げ、そこで、我々弁護団達と角さんの秘書の榎本さんや警察当局の人達としばしば会合し、情報交換をし、我々弁護団はデモの行われる日には、皆で手分けして、要所、要所でデモの状況、取り締まりの状況を観察し、これについての我々の感ずるところ（いわば、「この点は良し」、「これは駄目」と云う意見）を述べた。つまり、行き過ぎたデモ規制により不祥事が起きたり、後日の法廷闘争で不利にならないよう、デモ規制はするが、行き過ぎた規制をしないように、との姿勢で終始対処した。

かくて、日韓基本条約の締結、これについての国会での批准は波乱なく終えることができた。そして、角さんからは、弁護団に対し、一千万円と云う破格の成功報酬が支払われた。初対面から、終始、強く印象付けられることばかりの田中角栄氏との出逢いであった。

第十節　独立・清水直法律事務所創設

（神谷町時代）

（昭和四十年四月～四十三年三月）（三年間）

結婚して半年後の昭和四十年三月に児島平法律事務所を退職し、四月には独立して清水直法律事務所を開設することとなった。

新事務所は神谷町にある軽量鉄骨三階建の三階で七坪と云う小さなスペースで、一階は家主が自動車修理工場を営んでいた。交通の便は私にとって、すこぶる良く、自宅（尾山台）―事務所（神谷町）―裁判所（霞ヶ関）―弁護士会（霞ヶ関）が自由が丘で乗り換えると開通したばかりの地下鉄日比谷線で一直線で結ばれ、時間的にも極めて効率的であった。

昭和40年4月独立。芝西久保巴町に事務所創設

家主とのご縁は義父の小林孝男さんによるもので、何でも、義父が未だ大学生だった頃からのお付き合いということであった。

近くに農林年金会館があり、ゴルフ練習所もあったので、暇を見てはゴルフの練習もできるというおまけまでついたみたいな状況だった。通りを隔てた向かい側には有名なそば屋「砂場」があり、そこのザルそばは何とも言えないおいしいそばで、昼食にしばしば利用して「大ザル」を食したものだ。

事務員は山森の義兄の紹介で広島県神石郡の山奥の高校を卒業したばかりの青年を雇用したが、西も東もわからない田舎者の青白い青年に何やかやと教えねばならず、苦労した。

独立したての頃の事務所経営は収支的には楽ではなく、収入がある毎に、「ああ、やっと家賃分が稼げたな」と一安心し、次の収入があったときは「ああ、これで事務員の給料分が稼げたな」と想い、その次の収入があると「ああ、やっと女房に渡す家計費分が稼げたな」とホッと安堵の胸をなでおろし、と云うような状況が何カ月か続き、そのうち「真面目に仕事をしてさえいれば何とかなるもんだな」と云う変な度胸がつくようになった。

清水直法律事務所としての最初の顧問会社は小林の義父の紹介によるものであった。

義父は娘婿である私を殊の外、かわいがって面倒をみて下さり、いろんなお知り合いに私を紹介し、宣伝して下さった。その手初めが当時京橋にあった「高砂商事」と云う小さな商社で、月五千円の顧問料をいただけることになった。金銭の多少ではなく、毎月定期収入があるということは、精神的には安定感があり、日々の弁護士活動の心の支えとして極めて重要であった。

義父はベアリングで有名な日本精工の子会社である桜町工業所の役員をしていたが、その後同社を退職し、安田火災の損害保険を扱う会社で損害保険の外交員をすることになった。これを聞いた小林の義母は、「今更、いい歳をして保険の外交員なんて、みっともない。風が悪い」と不満そうに漏らしていたので、私は、「お義母さんはよくある世間の中年のおばちゃんの生命保険の外交員と同じだと思っていらっしゃるんではないですか…それは違うんです。お父さんのは損害保険でしてね、これからは『保険の時代』と言われるほど、重要な、やり甲斐のある仕事なんです。僕も大学時代は『保険法』と云うのをわざわざ選択して勉強したくらい、これからは重要な仕事なんです。

僕もお父さんの営業のお手伝いをしますから、ご安心ください」と申し上げた。

そして義父には「お義父さん、会社とは、固定給を少なくして保険契約を獲得する毎に歩合給をいただけるように契約して下さい」と提案し、義父は会社との間で、そのような取り決めをして、月々営業活動を自分独自で展開し始めた。損害保険の対象は多種多様で、火災保険、自動車保険、工事保険等々で、中でも当時は交通事故が多く、需要は大きかった。私の知り合いや、顧問会社に義父を紹介し、義父はまたこまめに顧問会社を訪問し、事故が起きるや、直ちに駆せ参じ、保険金の支払が迅速にかつ依頼者のために、少しでも保険金が多く払ってもらえるように尽力された。

そうこうする間に、私の顧問していた、さる土建業の工事会社の社長に私が、「危ない現場の工事をする時は、その現場全体で起きた事故をカバーする『工事保険』と云うのを契約しておいた方が良いですよ。どっちみち、保険料は経費で処理できますし、万一、事故が起きた時は保険金で損害賠償をすることができますから」と提案したところ、社長は、「そう言えば、この間、受注した現場はダンプカーやミキサー車が何台も出入りするから危険は一杯と言えなくもない。先生の提案通り、先ずは、手始めにこの工事現場限りの『工事保険契約』をしましょう」と云うことになり、その特定の工事現場について「工事保険」を締結した。ところが、果たせるかな一カ月後にこの現場でミキサー車が転落すると云う大事故が発生した。

義父はこの時も、粉骨砕身、努力して少しでも多額の保険金が支払われるよう、まるで保険会社側の人ではなく、保険金を払ってもらう側の立場で立ち廻り、関係者に喜んでもらえた。この事故の縁で、当該土建会社社長は、「よし、小林さんにお願いして当社の年間工事、全部に、工事保険を付けよう」と提案され、一挙に百億円単位の年間の、工事現場全部について損害保険に加入するところとなった。

義父の扱う保険会社も一挙に保険料収入が増え、無論、義父の歩合給もポンと跳ね上がり、義父の所属する会社の社長よりも数倍多い収入を得るまでになった。まさに大当たりという快挙となった次第である。そしてまた、私としては、義父にいささかでもご恩返しができたかな、との思いであった。

第十一節　宝町時代

（昭和四十三年四月〜平成五年三月）（二十五年間）

一、事務所拡張期

神谷町の最初に開いた事務所は前述のようにわずか七坪の小さな事務所であったので、私一人と事務員一人の働くスペースとしては手頃であったが、年々頼まれる事件数も増え、若手弁護士（イソ弁）を雇おうにも、事務員を増やそうにも手狭であった。そこで、より広くて且つ全国どこへ出張するにも便利な場所に事務所を設けるべく東京駅近辺の物件を物色していたところ、運良く、八重洲口から七～八分の所にある「大宗ビル」に空室があったので、これを賃借することにした。そして、イソ弁として二十一期生（私より七年後輩）の小野紘一君を昭和四十四年四月雇い入れた。その後事務局員も増員した。当時、交通事故の損害賠償事件が急増し、昨日は浦和、今日は小田原等とあちこちの地方裁判所又は支部に出張しなければならなかった。これを小野君はてきぱきと迅速に事件処理し、清水直法律事務所の文字通り番頭格の仕事をしてくれて私は大いに助かった。

二、交通事故の加害者側代理人

この頃、ふとした縁あって、日産火災保険㈱関係の顧客の交通事故の加害者側の事件を同社の紹介で数多く扱うことになり、各地の地方裁判所又は支部へと東奔西走する日々となった。

ただ、事件の内容としては、左程、法律論でとやかく争うような複雑な事件は少なく、故意・過失、相当因果関係等々の法律論争もなく、主として損害賠償額の多少を争うものが殆どで和解で片附けられるものばかりであった。原告（被害者側）はえてして過大請求をしてくるものが多く、和解交渉の論点の中心は、損害賠償額そのものについてであった。当然のことながら、被告側としては、「この請求は過大で、○○額くらいではないか？」と主張し、どちらかと云うと、請求額について減ずる方向での主張となるのが常であった。

関東地区のさる地方裁判所での事件で、和解の席上で、被告（加害者側）代理人として、私が請求項目毎に「これは認められない」「これは過大請求で、○○円位が妥当ではないか？」と意見を述べていたところ、担当裁判官が、不用意にも「損害賠償金額について事細かくいちゃもんつけているみたいだが、まるで『保険会社の廻し者か？』と言われかねないね」と発言した。私はきっと坐り直して、「裁判長!!只今の発言は許せません!!私は保険会社の顧問弁護士でも、代理人でもありませんし、保険会社からタダの一円も弁護士報酬をもらっていません。裁判長の今の発言は私に対する許しがたい侮辱です。今日の和解手続はこれにて打ち切りとさせていただき、裁判長の只今の発言について、私は最高裁判所のしかるべき処にご相談に行かせてもらいます!!」と言い置いて席を立とうとしたら、件の裁判官は「しまった!!」と思ったらしく、手をブルブル振るわせながら「被告代理人!!私の只今の発言、どうも失礼しました。直ちに撤回し、お詫びします。その上でどうか従前どおり和解の話を続けさせて下さい」と低姿勢で対応して来た。私としては、それ以上にとやかく言うことはないと判断し、和解交渉は続けられたが、当然の雰囲気として交渉は当方有利に展開し、和解は成立した。同席していた被告本人は帰途、「先生はすごいなあ!!裁判官に謝らせるんだもの」とえらく感動していた。その場の雰囲気に気押されて不用意に発言してはならない好例であった。

三、鹿児島での心に残る事

とまれ、手持事件数は年々増え、更に若手のイソ弁を必要としたところ、小野君の所属していた西戸山ゼミの後輩の二十三期生の松嶋英機君を紹介してくれた。同君は修習終了後、昭和四十六年四月、まっすぐに清水直法律事務所に入所した。熊本県出身で、性格は明るく、八面六臂の活躍をし、九州男児、「肥後もっこす」の面目躍如たるものがあった。

ところで、私は当時、技研興業㈱の会社更生手続で、管財人代理をしていたが、同社自体の更生よりも伊豆の修善寺で別荘地分譲業を展開していた子会社の株式会社修善寺ニュータウンの処理の方が、はるかに悩ましい案件で、現地に張りついているような状態だった。そのため、松嶋君の初面接は同社所有の修善寺に所在するホテルニューキャッスルで行われたと云う次第であった。同君としては、東京の法律事務所ではなく、狩野川を見下ろす小高い山の上にあるホテルでの面接に違和感を持ったか、興味深く感じたことだろう。

そうこうする内に、昭和五十年九月には外航海運会社たる照国海運の会社更生事件で、私が管財人代理を拝命するところとなり、私の事務所は多忙を極めるに至った。そのうえ、同社の子会社「照国郵船㈱」は、鹿児島と奄美群島を経て沖縄に至る航路を走る客船の海運会社で、九州と沖縄を結ぶ地元の足のような重要な役割をしていたが、親会社たる照国海運の会社更生申立のあおりを受けて、資金的にも行き詰まり、これまた更生手続によって再建を目指すしかないとの結論に達した。

かくて、照国郵船㈱は鹿児島地裁の監督の下、更生会社として船出するところとなり、管財人には鹿児島弁護士会の長老・松村仲之介先生が就任するところとなった。松村先生は、司法研修所九期生で、私より五年先輩の温厚篤実なる紳士そのものと言った風格の方であったが、更生管財人業も海運会社の経営も初めてのことなので、大口債権者である親会社照国海運㈱の管財人代理である私に何かとアドヴァイスを求めて来られ、その都度、適宜の提言をして、私も可能な限りのお手伝いをした。後日、先生から「清水先生は何だか『打ち出の小槌』でも持っているように次から次へとよいアイデアを出され、本当に珍しい人だ」とお褒め頂いて恐縮した。それにしても、松村管財人を常時補佐する人材が必要だな、との結論に達し、それを担う人物としては松嶋君が地元出身とも言える存在で、何と言っても行動力がある人物なので適任と判断し、松嶋君に「鹿児島に当分の間、張りつくことになるかも知れないが、男としてやり甲斐ある仕事だから、どうだい？照国郵船の管財人代理をやって見ろよ」と申しつけたところ、松嶋君としては、未だ清水直法律事務所で色々なことを勉強したいと思っている最中なのに、この話なので、相当にとまどったことと推察される。

とまれ、松嶋君はこの私の申し出を受け入れてくれて、更生会社照国郵船㈱の管財代理に就任するところとなった。今日、振り返って見ると、松嶋君が多くの従業員、債権者等の関係人と接しながら企業再生事件を自身の創意工夫によって行なう、またとない機会を得たことが同君の在野法曹人としての飛躍的な成長につながったと私は思うのである。いわば、獅子が我が子を千尋の谷に突き落として鍛えるの例えに等しいものがあったのではなかろうか。後日、松嶋君が企業再生事件の分野で在野法曹人として押しも押されもせぬ大人物に成長した姿を遠くから眺めつつ、秘かに人材育成に些かでも寄与できたかなと思った次第である。

かくて、照国海運㈱の更生手続が順調に進んでいる折しも、照国郵船㈱のオーナーであった中川喜次郎氏の関係会社が所有している鹿児島県の西南端付近（指宿温泉地方より更に先）の土地を調査しに行く機会があった。そして土地調査をした後、足を延ばして「坊の津」へ観光がてら行ってみることにした。と云うのは、日本史の勉強をしていたころ、この「坊の津」は鑑真やフランシスコザビエル等が来日した際の最初の入港地で、飛鳥時代から遣唐使船の寄港地（入唐道）として著名であったことをおぼろげながら覚えていたので「坊の津」と云うところはどんな所なんだろうとやや興味深く足を運んだ。

小高い丘の上から「坊の津」の港を見下ろした時、小ぶりな港は波静かで何か心打たれるものがあった。「成程、ここから遣唐使は唐の国へ船ではるばる渡って行ったのだな」と思いをめぐらせながら、丘を降りて港周辺へとぶらぶらと散策したら、一つ、意外なことに気づいた、それは行き交う土地の人達の顔付きも立ち居振る舞いも何となく気品があり、女性はお年寄りも中年の人もまた、女学生や少女に至るまで皆、品のある美人ばかりなので、私は「おや？これはどう云うことなのだ？」と不思議に思いつつもその後の仕事もあるのでそそくさと鹿児島市内へ帰った。

松村仲之助先生と照国郵船㈱の運営や更生手続上のことを打ち合せをした後、市内での夕食会となった。そこで、会食をしながら、私が松村先生に、「今日、土地調査のついでに『坊の津』港へ行って来たんですが、不思議に思ったのは、行き交う女性が老いも若きも皆、美人ばかりで、これはいったいどう云うことかと不思議に思ったんですがねぇ…」と申し上げたら、松村先生は言下に「清水さん、それはお目が高い。おっしゃる通り、その地区の女性が美人ばかりであることは、地元でもよく知られているんだよ。そのルーツはこうなんだよ。遣唐使として京の都から、お偉い方々が『坊の津』まで来られて、そこから船で唐の国へ渡り、あるいは唐から帰国して京都へ帰ると云うことが行われていたんだけど、或る者は唐へは渡らずして坊の津に居ついてしまったり、またある者は唐から帰国したが京都へは帰らずに『坊の津』に居ついてしまったり、ということになったりして、そのため、『坊の津』には京の都の高貴な方々の『お種』が落ちる次第となったんだね。そのため、『坊の津』は品の良い美人の女性が多いという結果になったようだよ」と解説された。

私は、「成程、そういうことなら、よく理解できました。今日は本当にいい勉強をさせてもらいました」と述懐しながら、おいしいお酒を酌み交わしたのであった。

四、事務所の家主からの大型事件の依頼

宝町の大宗ビルに事務所を構えてから、手懸ける事件が飛躍的に増大し、当初はワンフロアーを借りていたが、運よく、上下の階に空きができ、四階・五階・六階とスリーフロアーを借り増しを

し、イソ弁や事務局員も増え、出入りする人も多くなり、清水直法律事務所はまさに活況を呈するところとなった。私も未だ三十代後半から四十代―五十代とまさに男の働き盛りの頃であったから、北海道から沖縄まで日本列島縦断する、東奔西走の多忙な日々を過ごした。

当時、週二回はどこかの地方に泊りがけで出張し、自宅にいることが少なかったので、幼かった子供が、たまたま私が自宅で夕食をとることがあると不思議そうな顔をして「お父さん、今日はうちに泊るの?」と声を掛けられ、苦笑した程であった。

そうこうしているある日、大宗ビルの管理人から「清水先生、実は、うちの社長から、『大宗ビルには弁護士事務所が確か二つ三つあったと思うが、管理人のお前から見て俺の法律相談をきいてくれる適当な弁護士を紹介しろ』と言われたんですがね、私は人の出入りや事務所全体の雰囲気から言って清水直法律事務所が一番活気があっていいと思うと言って、社長にあなたを推薦したので、一度渋谷の本社へ行って社長と会ってくれないか?」とのこと…。

日ならずして渋谷道玄坂にデンと構えている新大宗ビルに行き、大野謙三社長と面談した。

相談の内容は、そう簡単なものではなかった。

中央区京橋大宗ビルに移転し多忙を極めた頃

聞けば、当時の高度経済成長の波に乗り、東京は渋谷・新宿方面を中心に次から次へと貸ビルを建築して業績を伸ばしていったのはいいが、過度の投資と、急成長の故に、中小企業のことであるから、都市銀行・地方銀行・相互銀行・信用金庫等の金融機関は勿論のこと、リース会社等のノンバンク、商社等々五十数社から、短期の資金を借りまくったので、当然のことながら資金繰りは苦しくなり、あちらで借りた資金でこちらを返すと云う風な自転車操業を続けるうち、遂に二進も三進も行かなくなり、「さて、どうしたものか?」と云うことになった次第であった。

過去十期の貸借対照表・財産目録・損益計算書、それに目下の資金繰り予定表を頂く等して検討した結果、結論は簡単であった。すなわち、千葉・横浜等々の東京以外の周辺のビルを早期に売却処分して債務の圧縮を図り、収益性の良い渋谷・新宿の貸しビルを担保として二百億円を長期借入金にシフトすることであった。運良く、住友信託銀行・日本不動産銀行・伊藤忠商事の支援を得ることができ、二百億円の長期一括借入が実現できただけでなく、その時まで借入金の金利が平均で十一・五パーセントにも達していたのを、七・六パーセントに軽減することができ、一挙に経営は安定する見通しとなった。

しかし、これを実務的に一挙に処理するのには、債権者を初め、関係者の一致協力が一度に集中して実行されなければならない。

数十棟の貸しビルとその敷地について、新会社・第三者への所有権移転と数十社の債権者の債務の弁済・担保抹消登記・新現借入の実行・新たな借入金の担保設定が一度に実行されなければならない。

かくて、不動産登記についての第一人者と言われる司法書士の相馬計二先生にこの登記関係の一切の手続をお願いしたところ、先生はこれを快諾して下さり、各担保権者と個別に面談して、しかるべき弁済期における元利金弁済額の確認と担保抹消書類の準備も指示し、準備のできた債権者の担保権抹消登記申請書類等を債権者・債務者（代理人弁護士たる清水直）・相馬先生の三者が確認の上大型の紙袋に入れ、きちんと封をして、これに相馬先生の封印を押捺し、取引当日、この封印書類をそのまま持参してもらうと云う段取りをした。

かくして、数十社に及ぶ債権者の担保抹消登記申請書類の準備がすべて整った後、一定期日場所を定め、そこに債権者全員が一社の漏れもなく出席して、新規借入の実行・新たな担保権設定登記及び数十社の債権者への債務の弁済と担保抹消を一挙に実行する手はずとなった。

事前準備が完了した後、実行日には、新規貸付を行う住友信託銀行・日本不動産銀行を初め、債権者全行のいずれも三名位の担当者が住友信託銀行本店講堂に集まり、入口で出席票を交付して受付順を決め、全員出席を確認した後、講堂正面の最前列に債務者代理人たる私、そしてその隣席に相馬先生が来て着席し、私から、「本日債権者の皆様にはお忙しいところを万障繰り合わせしてご出席下さり、まことにありがとうございました。本日の取引は一社でも欠席があった場合は不本意なことになるのでございますが、喜ばしいことには、全員漏れなくご出席下さったことが確認できましたので、只今から本日の取引を実行させていただきます。先ずは、受付番号順に予めご用意願った相馬先生の封印のある担保抹消書類等をご持参下さり、先ず、これを相馬先生にお預け願い、先生から預り証を受領して、これを弁護士清水直にお示し願い、次いで債務の弁済が実行されると云う段取りとなっております。どうかよろしくご協力下さい」と宣言し、新規貸付を実行する住友信託銀行の方々の見守る中、手続は僅か一時間で終了し、私が「皆様のご協力により、本日の取引、債務の弁済、担保権抹消、設定等の登記手続書類の交付の全てが完了しました。これにて本日予定の取引はすべて円満終了しました。皆様ご協力ありがとうございました」と宣言した。取引終了後、住友信託銀行の上層部の方から「いや、いや、どうもお見事でした」とお褒めの言葉をいただき、恐縮した。

この仕事には後日談があり、私が大野社長に本件の成功報酬額を金五千万円と申し上げたら、大野社長は「それは少ない!!だったら、明日以降は、もう清水先生にご尽力願わなければならないような法的業務やご相談は無いものと思うけど、今後、五年間六十カ月毎月五十万円の顧問料を先生ご指定の銀行口座に振り込んで払わしていただきます」とのありがたいお申し出をいただいた。所得税の支払いを考慮すると私としてはまことにありがたいお申し出であった。後日、聞くところによれば、債権者の一人でもあった伊藤忠商事の担当者が「清水先生へ報酬は『二億円』ではないか？」と大野社長に言っていたとのことであった。

五、若手弁護士（イソ弁）の育成

話変わってこの頃、弟の清水建夫も、北陸の金沢市内の革新系の法律事務所でイソ弁をしていたが、取り扱う事件が「北陸スモン訴訟」や「イタイ・イタイ・病事件」等々で、市井にある一般的事件とは異質な事件が主で、一般市民から依頼される土地・家屋・相続・婚姻関係・交通事故等のごく普通な市民事件を学ぶ機会が少ないようだった。これでは法律家として幅広く勉強する機会が少なく、何とかせねばいけないと自覚したと見え、東京へ出て、私の法律事務所でごく普通の弁護士としての経験を積みたいと申し出て、清水直法律事務所にイソ弁として入所するところとなった。

その後、次々と若手弁護士を雇傭し、育てていくということになり、宝町時代には私の所から以下の弁護士が巣立っていった。

（敬称略）

① 小野　紘一　中央大学法学部卒
司法修習　昭和四十四年修了（二十一期）
入　　所　昭和四十四年
独　　立　昭和四十八年

② 松嶋　英機　中央大学法学部卒
司法修習　昭和四十六年修了（二十三期）

入　所　昭和四十六年
独　立　昭和五十一年

③　清水　建夫　早稲田大学法学部卒
司法修習　昭和四十四年修了（二十一期）
入　所　昭和四十八年
独　立　昭和五十二年

④　尾崎　俊之　中央大学法学部卒
司法修習　昭和五十年修了（二十七期）
入　所　昭和五十年
独　立　昭和五十五年

⑤　小島　昌輝　慶應義塾大学卒
司法修習　昭和五十一年修了（二十八期）
入　所　昭和五十二年
独　立　昭和五十七年

⑥　上石　利男　東京大学法学部卒
司法修習　昭和五十五年修了（三十二期）
入　所　昭和五十五年

独　立　昭和五十六年

⑦　中澤　裕子　東京大学法学部卒
司法修習　昭和五十六年修了（三十三期）
入　所　昭和五十六年
独　立　昭和六十一年

⑧　影山光太郎　東京大学工学部卒
同大学院工業系研究科修了
司法修習　昭和五十七年修了（三十四期）
入　所　昭和五十七年
独　立　昭和五十八年

⑨　村松　謙一　慶応義塾大学法学部卒
司法修習　昭和五十八年修了（三十五期）
入　所　昭和五十八年
独　立　平成二年

⑩　柴田　浩子　上智大学外国語学部卒
司法修習　昭和五十九年修了（三十六期）
入　所　昭和五十九年

⑪　松井　勝
独　立　昭和六十年
慶應義塾大学法学部卒
同大学院民事法課程修了
司法修習　昭和六十年修了（三十七期）
入　所　昭和六十年
独　立　昭和六十二年

⑫　平出　晋一
慶應義塾大学法学部卒
司法修習　昭和六十二年修了（三十九期）
入　所　平成二年
独　立　平成九年

⑬　久保田紀昭
中央大学法学部卒
司法修習　平成元年修了（四十一期）
入　所　平成元年
独　立　平成五年

そして、私の若手弁護士養成の方針は、私の事務所である程度の経験を積んだ後にできる限り、自分の法律事務所を開設し、誰にも支配されない独立・独歩の弁護士となるように教育するというものであった。それはまた、自分で事務所を経営してみて初めて色々なことを体験し、それによって人間の幅も広くなる、との狙いでもあった。今日、私の育てた弁護士が、各方面で立派に活躍してくれている姿を目のあたりにして、「ああ、この教育方針は正しかった」と胸をなで下ろしている昨今である。

なお、右の弁護士以外に濱田俊男、今井重男、佐渡誠一、小竹治弁護士（敬称略）が入所・独立したが、残念なことに早逝された。

六、企業再生事件の増加

宝町に移った頃から企業再生事件（倒産事件）を扱う機会が多くなり、手がけた倒産事件（再建型・清算型）のうちの著名なものは以下の通りである。

【法的手続】

昭和四十三年　三功紙幣計算機株式会社（破産、申立代理人）
昭和四十五年　技研興業株式会社（東証一部上場、更生、管財人代理）
昭和四十九年　更新産業株式会社（更生、管財人代理）
昭和五十年　片寄工業株式会社（商法整理、検査役・監督員）
同　年　株式会社興人（東証一部上場、更生、保全管理人代理）
同　年　照国海運株式会社（更生、保全管理人代理・管財人代理）
昭和五十一年　近代建材株式会社（商法整理、申立代理人）

昭和五十五年　ジャパンコーヒー株式会社（破産管財人）
同　　年　エス・ケービー工業株式会社（更生、申立代理人）
昭和五十七年　興国紡織株式会社（和議、申立代理人）
同　　年　石巻産業株式会社（破産、申立代理人）
昭和五十九年　深井産業株式会社外２社（更生、管財人）（千葉）
同　　年　東京海事株式会社（破産、申立代理人）
昭和六十年　株式会社猪越金銭登録機（和議、申立代理人）
昭和六十一年　大日機工株式会社（更生、申立代理人）（甲府）
昭和六十三年　株式会社興人（更生、法律顧問）
同　　年　株式会社金指造船所（更生、申立代理人）（静岡）
平成元年　月光荘株式会社（更生、保全管理人、管財人）
平成三年　静信リース株式会社（更生、申立代理人）
同　年　マルコー株式会社（更生、申立代理人）

【私的再建手続】

昭和五十三年　株式会社大野宗太郎商店
昭和五十四年　北村バルブ製造株式会社グループ６社
昭和五十六年　北海道テレビ放送株式会社グループ４社（札幌）

昭和五十六年　金星自動車株式会社グループ一三社（札幌）
昭和五十七年　株式会社鈴木鉄工所（現ミサワバン、東証二部上場）
昭和六十年　山田建設株式会社（東京店頭）
昭和六十二年　大平産業株式会社（大阪）
昭和六十三年　升川建設株式会社グループ5社（山形）
平成二年　株式会社斎野五兵衛商店（山形）
平成三年　石原建設株式会社
　東京佐川急便株式会社

右の内、株式会社興人、照国海運株式会社等の主な事件については、拙著「プロが語る企業再生ドラマ」「続・プロが語る企業再生ドラマ」（銀行研修社刊）にて、それらの事案がいかにして処理されていったかをご紹介しているので、これらの書籍を参照されたい。とまれ、どの事案にも特有の隠れたエピソードがあり、これまた、企業再生には参考となるものがあるので、以下に幾つかを御披露申し上げたい。

①大先輩・伊達利知先生との出逢い

技研興業株式会社の会社更生事件は、私が未だ三十五歳と云う、弁護士としては青二才のような存在の頃の事件で、しかも東証一部上場企業なので何かと苦労もし、勉強にもなり、またやり甲斐もあり、私と云う人間を色々な意味で磨き上げてくれた、私にとっては、極めて強く印象に残った事件であった。

ある意味では、私を倒産事件の処理のヴェテラン弁護士として世間からそれなりに評価されるようになる第一歩であったと言えよう。

技研興業の事件は、政治的・経済的・法律的な諸問題が複雑に絡まり、まるで事件の塊のようであったので、これらの数多くの問題解決に当たっては、自分の法律事務所を運営しながらの片手間的な対応では到底満足な管財人業務はこなし得ないと感じ、清水直法律事務所の方は若手の他の弁護士に助太刀を頼み、少なくとも一年間は管財業務に専念できる態勢を組んだ。当然のことながら、収入は減って（他の一般訴訟事件等を扱う時間的ゆとりがないため、収入が減る）支出は増える状況と相なったが、若い時には一念発起、心血注いでしかるべき企業の再建に四つに取り組むのも意義あることではないかと、肝に銘じ、技研興業の再建業務に専念した。

これをそばで見ていられた管財人の伊達先生としては、私が技研興業の管財人補佐に就任したがために、経済的に困窮するのではないかと心配して下さり、私の手取収入が少しでも増えるようにと、先生ご自身に裁判所の決定によって支払われる技研興業からの管財人報酬の中から、毎月金十万円を私の管財人補佐としての報酬額に上乗せする形で支援して下さった。

当然のことながら、先生の手取報酬は十万円減額され、私の手取報酬は十万円増額となる訳であるが、先生が所得税等を負担された税引後の純所得分から現金で金十万円を私の報酬口座に廻して下さっていたのであるから、平たく言えば、伊達先生が私に毎月金十万円の贈与をして下さっていたようなものであった。

その上、「管財人補佐」という肩書では、並みいる一くせも二くせもある債権者群と交渉するのには、支障があるだろうと判断され、当時三十五歳という若僧の私を「管財人代理」に抜擢して下さり、同時に裁判所の決定により「管財人代理報酬」が支払われるよう取り計らって私の収入が増えるようにして下さった。

お陰で、私は後顧の憂いなく、思う存分、技研興業の管財人業務に没頭することができた。

技研興業の管財人団には、角栄建設㈱の社長の角田式美氏が管財人に、建設省出身の木村正昭氏が管財人代理に夫々就任された。

管財人団四人の、初顔合わせの日に、夫々の出身地が話題になったところ、奇せずして、四人共広島県出身であることがわかり、「これは『広島県人会技研興業部会』のようだな」と一同、破顔一笑し、その後は、管財人団は文字通り和気藹々というにふさわしい、うち解けた雰囲気の中で、夫々の分野の仕事をしたのであった。

伊達先生は、私に息抜きの時間を与えて下さるように、「竹葉亭」でうなぎをご馳走して下さったり、有楽町にある紳士の集まりの「日本倶楽部」へ連れて行って下さったり、先生が会員であられた横浜の保土ヶ谷カントリークラブでのゴルフプレーに何度かお誘い下さったりして、「紳士の遊びというのはこのようでなければいけない」と教えて下さったのであった。しかし、先生からお教えいただいた最たるものは、箱根・強羅にある名物旅館「環翠楼」である。技研興業の更生計画立案のための泊まり込み作業を都内の旅館で毎週行っていた昭和四十六年夏から秋にかけての頃、伊達先生は、「管財人団の会議を一度、私の良く知っている箱根の旅館で温泉でもつかりながら、じっくりやるのもいいんではないかな。それにしても更生会社に費用を負担させるわけにはいかないから、費用は僕のポケットマネーで賄おう」と提案され、環翠楼会議が行われた。私は初めて環翠楼を訪れた時、「一体、自分はこれまでにも上等の和風旅館に泊まったことがある等と誇らしげに言う資格はないな」といたく感激したものである。以後、同旅館は私の著書執筆の常宿となり、今日に至っている。

ちなみに、この旅館の和風建築物としての素晴らしい価値については私等が如き素人にはわからないのであるが、後日、ある材木商の会社の再建に携わっていた時、件の材木商のオーナーと共に環翠楼に宿泊した時のことである。旅館に到着するやさすがに材木商だけあって、部屋に入るなり、すぐ柱、床柱、ながし、廊下等々に使用されている木材を一目見て「先生!!これはすごい!!さすが三菱財閥の別荘だけある。使われている材木そのものがタダ物ではないですよ。先生、これをよく見て下さい」と言って廊下と部屋の中間に立って柱を指さして示した。そして「よく御覧下さい。どちらから見ても、この柱は『柾目《まさ》』なんですよ。こう云うのを『四方柾』と言って、大変高価なんです」と説明してくれた。四方柾はかなり太い立派な木から一本しか取れないのだそうで、「柾目」の美しい文様が印象的で、今もって私の脳裏に鮮明に残っている。

ところで伊達先生は、明治三十五年五月生まれであられ、私の父が明治三十一年生まれなので、いわば、伊達先生と父は期せずして同級の世代ということになるのであるが、この世代の人は皆、不思議にも、日清戦争・日露戦争・第一次世界大戦・満州事変・支那事変・第二次世界大戦（太平洋戦争）と戦争が相次ぐ中で、生涯一度も兵隊として召集されることなく終わっている珍しい世代なのである。そのお蔭で私は父と同世代の立派な方々に公私に渡って筆舌尽くしがたい貴重なご指導を頂ける幸運に恵まれて幸せであった。

伊達先生は、誰からも「大先生」と言われる程の存在であられるのに、いつも控え目な態度に終始されつつ、若い者の意見に静かに耳を傾け、若者を信頼して万事任せて自由に活動させ、それでいて責任は自分が全て負うという姿勢であられた。この伊達先生の後輩育成の仕方は、今日、私が後輩を育成すべき年齢となって、常にお手本として踏襲させていただいている。

生前先生は「自分の葬儀は内々で質素にしなさい」と言われていたとのことであるが、先生がお亡くなりになった時、先生をお慕い申し上げていた人々が先生の上野毛のお宅に「お線香を上げさせて下さい」「お世話になった伊達先生に最後のお別れの挨拶をさせて下さい」と言って次から次へと訪問されるので、遺族の方々も止む無く、別途「お別れの会」を催さずにはいられなくなったとのことであった。

最後の最後まで、伊達先生らしい慎ましやかな一事で、ただただ頭の下がる想いで一杯である。

伊達先生、本当にありがとうございました。ここに先生のやすらかなるご冥福をお祈り申し上げる次第である。

②技術ある中小会社の救済

更新産業株式会社はスプリンクラーの設置をする工事会社で、その業界の草分け的存在であった。後続企業としては、ニッタン、能美防災等がある。

同社の再生を手懸けている中で、経験したことは、同社は比較的低層階の二階建、三階建等の建物の工事では相応の利益を挙げるのに、十階建、二十階建等々の高層建物についての工事では奇妙に赤字を出すのであった。

何が原因かと、種々検討していく内、成程そうか、と思い知らされたことは、工事現場でのエレベーターの取り合いで、更新産業の若い社員は他社のヴェテラン工事人に圧倒されて、資材の搬入、据付工事を段取りよく進行させることができず、そのためスプリンクラーの設置工事が行われていないまま天井板が貼られる等々の事態が生じることであった。建設現場は鳶、土工、左官、大工、サッシ業者等々、色々な職種の人夫が夫々の工事を手早く終えようとするので、これを現場の工事監督者が手際よく采配を振るわないと後の工事が先に行われてしまうと云う始末になりかねない。しかし、ひ弱な更新産業の若い社員を力強い建築現場の工事人に教育していく等と云うことは法律家である私ごときが、なし得るはずはなく、最終的には東急建設株式会社にお願いして、同社の小会社として育てていただくようお願いして、まずは一件落着としたのであった。

③企業再生と発想の転換

片寄工業株式会社は、ゴミ焼却炉のメーカーで、吉原省三弁護士が申立代理人となって、商法上の整理手続の申立をされ、私がその整理委員に選任された。

何はともあれ、一体、どこでどんなものを製作しているのかを先ず、確認する必要があると感じ、仙台の北東方向の「広野」と云う現場へ赴いた。

太平洋を望む高台にある広い敷地に十台前後の試験炉が設置されていて、そこで、夫々用途に応じて、ある物はプラスチック、別の物はゴム製品等々を焼却処理するようにされていた。そして、その試験炉の使い勝手についての結果をふまえて、更に改良したり、と云うことをしたようであった。それにしても試験炉とは言え、一台当たりの製造費はかなりの額になるので、試験炉の製作費用そのものの経済的負担が重く、云うなれば、初期投資額が大きいのでこれを回収するには大量生産販売をして収益につなげなければならないが、それをなし得ないで経営が行き詰ってしまったのであった。

メーカーの創業者タイプのオーナーには、技術的に優秀な人が多く、得てして、自分の製作品にほれ込み次から次へと改良して新製準品を考案するが、大量生産をして一儲けすると云う方向に向わせない傾向があるものである。

私は、現場を一廻りして、直感的に、「これは勿体ない。この試験炉も活用して収益を挙げる方が得策」と判断し、社長に「ゴミ焼却炉のメーカーもいいが、この試験炉を活用してゴミ焼却業をしたらどうだ?」と提案したら、社長も「それもそうですな」とうなづき、早速、近隣のゴミ処分を必要としているメーカー、工場等に声をかけたところ、またたく間に噂が拡がり、試験炉で焼却するゴミが押すな押すなの勢いで持ち込まれ、連日試験炉は稼働し、会社の売上も利益も飛躍的に増加し、政府系金融機関からの融資の申し出もある等して整理会社の旧債務は一挙に弁済し、商法の整理手続も終結へと向かうこととなった。

「発想の転換」と云うことの大切なことの見本であった。

また、この頃から私の企業再生に関する知識・経験を、私一人のものとして温存せず、拡く法律家・経済人をはじめとした一般の人に公開して、利用していただく方が社会のためになると考え、著書や法律雑誌への連載、全国各地での講演等を行った。特に、日本商工会議所の推薦で、北海道から沖縄までの各地の商工会議所主催の講演会を行い東奔西走したものである。

【宝町時代に著わした書籍】

昭和五十年六月　「会社更生手続の実務」（商事法務研究会刊）

昭和五十六年七月「臨床倒産法」（金融財務事情研究会刊）

昭和五十八年二月「続・会社更生手続の実務」（商事法務研究会刊）

七、プロパンガス小売業者対都市ガス業者の斗い（全国展開）

そうこうしているある日、岐阜県プロパンガス協会の会長をしておられると云う大平さんが訪ねて来られ、話を聞いてみると、「中小企業者の多いプロパンガス小売業者の顧客を都市ガス事業者がひどいやり方で奪っていくので、何とかならないか」と云う相談内容であった。私は「大平さん、そもそも、それは自由競争の世界の話であって、お客さんが、プロパンガスを使用しようが都市ガスを使用しようが、お客さんの選択の自由であって、どうしようもないんじゃないですか？」とお答えしたところ、大平さんは「いや、自由競争だから、しょうがないってことではなくて、とにかく、先生、現場を一度見てください。それは危険極まりなしで『保安の確保』がおろそかにされているんですよ」とのこと。そこで、プロパンガスから都市ガスへの転換工事が今、将に行われていると云う現場を確認しに行き、これは、びっくり仰天した。

現場では、都市ガスの配管工事が屋外から屋内に行われているかたわらで、プロパンガス小売業者のガスボンベ・調整器・メーター配管等が無惨にバラバラにされて軒先に放置されているのであった。

もし、何かの拍子でガスボンベのプロパンガスが爆発でもしようものなら、人命をなくすような事態が発生してもおかしくない状態であった。

そこで、その現場を写真で撮り、第一号の事件は、愛知県の稲沢市で、東邦ガスを相手に「工事禁止」の仮処分命令を頂いた。これには東邦ガスも少なからず、びっくりしたようであるが、致し方なく、その後同様の仮処分命令を岐阜ガスを相手に取得し、その後は、北海道から沖縄までの各地で同様の仮処分命令を取得するところとなり、都市ガス業者が一様に、「清水直という弁護士がプロパンガス事業者の代理人として都市ガス事業者に対して全国展開の斗いを挑んで来ているから気をつけろ」と触れ回ったとのことであった。一方、日本エルピーガス連合会（通称「日連」）も私を日連の顧問弁護士に任命し、将に、都市ガス事業者対プロパンガス業者の斗いが頂点に達した。ある時は通産省のガス課長を名古屋地方裁判所で証人尋問をすると云うことにもなり、この問題を放置することは、消費者、行政庁をも巻き込んでのゆゆしき事態になる、と関係者は心配し、その結果、プロパンガスから都市ガスへの転換時にトラブルのないようにどうすべきかを検討し、最終的には転換についてのルールを定め、都市ガス業者が、プロパンガス業者に「立会料」の名目で、一消費者毎に一定額の金銭を支払うと云うことで解決し、以後は平穏裏に転換工事が行われるようになった。

八、鶴見のおばあちゃんを助ける

横浜市鶴見区のある鉄工会社の老社長（仮称山田さん）から「ご相談したいことがあるので、自宅までおいで願えないか?」とのお声がかかり、鶴見駅近くのご自宅へ訪ねて行ったところ、日頃はいつもにこにこしながら、老齢とは思わせないような元気な声で話しかけられていたのに、この日は意外にも元気がなく、「遊んでいる川崎の工場を何とか活用できないかと思ってあれこれ考えているんですが、今回ばかりは、自分自身の体力に余り自信が無く、さて、どうしたものかと迷っているところなんですよ」とのこと。私は、「山田社長、新しい事業なんて云うのは、元気な時にやるものですよ。今暫く、将来を見てからになさってはどうですか?」と申し上げた。山田社長は、「先生のおっしゃる通り、今少し、体力の恢復するのを待ってからにしましょう」と答えられたが、暫く談笑した後、私が帰途につこうとした時、ご夫人が、小声で私に耳打ちをされた。曰く「主人は肝臓ガンで、余命いくばくもありません。年内、持てばいい方だと医者から宣言されているんです。本人には言ってませんけどね…」とのこと。私は、「とりあえず、今日はこの位で辞して、二、三日後に改めて参ります」と言って帰途についた。その後、御主人の同席しない処で、ご夫人から話をうかがうと、私がいつもお会いしていたご夫人は内縁の女性であって本妻ではなく、五十余年連れ添って来て二人で今日の財産を築き上げたのであるが、本妻と娘二人は別の処に住んでいるとのことであった。と云うことは、とりも直さず、御主人に万一のことがあれば、私が「奥様」と理解していた山田夫人は一も二もなく鶴見の自宅を追い出されるだけでなく、何やかやと、男女、夫婦関係、損害賠償等々、極めて不利な窮地に追い込まれること間違いなしの状況にあることがわかった。

ご主人は、「自分の死後も、この老婆が安穏に暮らしていけるように、清水先生のお智慧でよろしくお願いします」と日頃言われていた。

そこで私はすぐ様その作業にとりかかった。先ずは鶴見駅近くの自宅について、不動産鑑定士に適正価格を算出してもらい、その価額で山田さんと老夫人との間で土地の売買契約を締結し、売買代金は、とり敢えず金五百万円を手附金として老夫人から老主人へ支払い、残額は十年間の分割払いとし、所有権移転登記を了した後、残代金について抵当権の設定登記をし、一連の契約書は後日の紛争を避けるために公正証書で作成した。

老主人臨終の頃には、屈強な男性二〜三人とお手伝いの女性二〜三人を寝泊まりさせて、万一に備えた。

作戦は的中し、二人の娘とその主人達は、土地所有者であった山田さんが亡くなるや、直ちに押しかけ、「あゝこれで、この土地も家も俺達の物になるんだな」と豪語して憚らなかった。私は、「本件については、ご本人のお元気な間に公正証書で遺言がしてございます。下手に手立てを出さないで下さい。遺言書は初七日の日に皆さんにご覧に入れますので、それまでは一切の財産に手を触れないで下さい」ときっぱりと関係者に申し渡した。

しかして初七日の夜、法要の後に件の公正証書遺言書のコピーを娘二人とその主人達に手渡し、私が読み上げたところ、娘の亭主達は「こんなの認められない。嘘だ。間違っている。無効だ!!弁護士に頼んで、こんなものひっくり返してやる!!」等と怒って、席を立った。後日、二人の娘が夫々に依頼した弁護士と協議するところとなったが、もとより、公正証書遺言を無効とする等と云うことは困難であることは明らかなので、結局のところ、十年間にわたって分割して支払われる土地・建物売買代金の二分の一が遺言によって二人の娘に支払われることとなっていたので、中間利息控除等の細かなことは言わず、一括して支払うと云うことで和解できることになり、地元の信用金庫から本件土地・建物を担保にして資金を借り入れて、無事、娘二人と老夫人との間の問題は、ひとまず一件落着と相成った。その後、件の物件も相応の価格で売却処分でき、近くに手頃な建売住宅を購入し、老夫人はそこで何不自由なく安穏に暮らせることになった。

件の老夫人は、若い時は芸妓をしていて、今一度三味線を弾いて楽しみたいとのことであった。そこで虎ふの立派な三味線を購入して差し上げ、これにて日々練習した上、東京日本橋の証券ホールで演奏会を催し、『京鹿子娘道成寺』の立て三味線を弾き、唄は、当時、有名であった芳村五郎治師匠に唄ってもらった。老夫人としては、結婚式にかわる一つの晴れの舞台となった。

老夫人の郷里の実家の菩提寺には賽銭箱やご住職の袈裟姿等を新調して寄贈し、実家の墓も立派に建て直した。他方、私の案内で、箱根、伊豆地方への温泉旅行もする等して晩年を楽しく過ごした。

この件でも、前述の大宗ビルの事件の場合と同様、私が弁護士報酬額を申し上げたところ、「先生、それは少ない。先生のお申し出の倍額を支払わないと私の気が済まない!!」と言われ、私としては、有難く、頂戴して一件落着となった。

弁護士の事件処理と云うのは、表面的には法律的な作業を行っているかのようであっても、実体的には事件を通じて一人の人間の人生を如何に有意義あらしめるかであって、その辺の事情を充分に把握して対処することが肝要である。

第十二節　八重洲時代

（平成五年四月〜二十九年九月）（二十四年六カ月）

一、東奔西走の日々

前述のように大型の企業再生事件が次から次へと押し寄せて来たので、北海道から沖縄まではおろか、アメリカ（ヒューストン）・オーストラリア（パース）・中国（北京・西安）等々と、海外へ足を運ぶことも多くあり、若かったとは言え、体力の限界に挑むような毎日であった。

東京駅・品川駅・羽田空港から日本全国各地への出張、そして、成田空港からの海外出張を、毎月のように目まぐるしくこなしていった。

幸い、品川区大井の自宅と羽田は近かったので、空港利用はすこぶる負担が少なく便利だった。ただ、大宗ビルは東京駅から中央通り、昭和通りという二つの大通りを超えていくので速足で歩いても七〜八分はかかり、夏の暑い時も、冬の寒い時も体力的にかなりの負担であった。特に、地方出張時には着替え用品も含めて持参する荷物が多く一人で持ち運ぶのはやゝ難儀であった。

そうこうするうち、日本信託銀行の紹介で東京駅八重洲南口から歩いてわずか三分位の所に貸しビルの空きができたので、これを「借りないか？」との嬉しいニュースが入った。聞けば、このビル一棟を住友信託銀行が一棟借り上げで使用していたが、同行は八重洲駅前に立派な自社ビルを建築したので、そこへ移転することになり、空ビルとなった由。契約条件も従来敷金は、家賃の月三十カ月分であったがこれは十カ月分で良いとのことで、しかも家賃も下げてくれるとのこと。将に、渡りに船とばかりに二フロア（後に三フロア）を借り、清水直法律事務所は日本一交通便利な処へ移転することになった。

事務所移転の御挨拶状も嬉しげに次のようなものであった。

拝啓

ようやく春めいて参りました。皆さまお変わりありませんか。

さて、清水直法律事務所はこのたび、左記の通り東京駅のすぐそばに移転することになりました。ビルも新しく、スペースも一段と広くなります。おいでになる皆様にとっても、東京駅八重洲南口から三分ですので地下街経由でぬれずにおいでいただけます。

これを機会に所員一同心を新たにし、初心にかえり法律事務所としての機能をハード・ソフトの両面から一段と充実させて、皆様のご要請におこたえしたいと念じております。

敬具

平成五年四月

清水直法律事務所

弁護士　清水　直

この挨拶状を差し出して日ならずしたある日、私の弁護士としての師匠とも申し上げたい尊敬してやまない大先輩の渡部喜十郎先生が、八重洲の事務所にわざわざ足を運んで下さり、立派な大理石の置時計を記念品として寄贈して下さった。この置時計は今もって、事務所の会議室にデンと鎮座して常時、我々を励ましてくれている。

渡辺喜十郎先生は一般の弁護士像とは違った幅の広い教養や趣味を持っていられ、日比谷公園内のテニスコートでテニスを楽しまれたり、ある時はお座敷で酒宴をしている時、芸妓の三味線でいき（粋）に「深川」を踊られたのにはびっくりした。その外随所で、色んなことを教えて下さったが、先生は「弁護士として大成するには次の三つのセンスを保持するよう心掛ける必要がある」と教えて下さった。

その一は「先ずは職業としての弁護士業がつつがなくできるために『法律』に詳しいこと、これは当たり前のように見えて、仲々難しいよ。法律はそれ自体が時代の要請に応えられるために、改正もされ、種々の新しい解釈や見解が示され、一義的でないし、時々刻々に変化する。

弁護士に必要な第一番目のセンスは「法律家的」「学者的」センスだよ。と言われた。

第二番目のセンスは「経済人的」センスだ。

事件を解決したとしてもその結果として目に見えた経済的メリットがなければ、人は、弁護士報酬を気持ちよく払う気

渡部喜十郎先生からご恵贈賜った置時計

平成５年八重洲に移転。中央、渡部喜十郎先生

にはならない。土地・家屋の明渡、賃金・売掛金の取立、企業の再生・清算、離婚、相続等々のどのような事件であっても、解決に伴って金が動き、依頼者に金銭的メリットのあるように解決することが大切だ。「百万円を払え」と云う判決書を手にしてもそれだけでは依頼者は満足できない。たとえ、二〇パーセント譲歩して八十万円であっても和解によって現実に現金が手許に入金される方が喜ばしく、弁護士報酬も払ってもらえる。弁護士に必要なセンスとして「経済人的」センスは依頼者心理・弁護士報酬の両面で大切なんだよ。

第三番のセンスは「政治家的」センスだ。

法律論を空理・空論のように唱えて、長々と裁判手続をするのではなく、大所・高所の見地から「これは三十パーセント譲歩しても、早く解決する方がいい」と云う場合もあれば、小さな事をとやかく言わず、大局的見地に立って、事件を早期に解決すると云うセンスも大切だ。

以上、弁護士として必要不可欠なセンスとは「学者的」「経済人的」「政治家的」の三つのセンスであると教えていただいた。将に至言と云うべきか。

八重洲に移転した後に手懸けた企業再生事件のうち、主なものは以下の通りである。

【法的手続によるもの】

平成五年　　第一紡績株式会社（大証二部上場、更生、申立代理人）

同　年　　株式会社真里谷（ゴルフ場）（会員による更生、申立代理人）

平成六年　　三和建物株式会社（更生、保全管理人、管財人）

平成八年　株式会社三保造船所（更生、中立代理人）（静岡）
平成九年　株式会社鈴屋（和議、中立代理人）
同　年　新星自動車株式会社（更生、中立代理人）（水戸）
同　年　多田建設株式会社（東証一部上場）外1社（更生、保全管理人、管財人）
平成十一年　株式会社アポロリース（特別清算、中立代理人）
同　年　株式会社初島クラブ（更生、中立代理人）（静岡）
同　年　日本自動車交通株式会社（更生、中立代理人）（仙台）
同　年　信州味噌株式会社（和議、中立代理人）（長野）
同　年　國際友情倶楽部株式会社（浜野ゴルフ場、更生、中立代理人）
平成十二年　株式会社長崎屋（更生、中立代理人）
同　年九月　有村産業株式会社（更生、中立代理人）（那覇）
平成十三年　株式会社冨士工（東証一部上場）外3社（民事再生、監督委員）
平成十四年一月　株式会社ミナミ（民事再生、中立代理人）
同　年二月　株式会社中須ゴルフ倶楽部（民事再生、中立代理人）
同　年三月　日本重化学工業株式会社（東証一部上場、更生、中立代理人）
同　年三月　佐藤工業株式会社（東証一部上場、更生、中立代理人）
同　年十月　磐梯リゾート開発株式会社（民事再生、中立代理人）

平成十五年十月　滝谷建設工業株式会社（民事再生、申立代理人）
同　年十二月　株式会社あしぎんフィナンシャルグループ（東証一部上場、更生、保全管理人）
平成十六年三月　同社管財人（更生）
同　年同月　大木建設株式会社（東証一部上場、民事再生、申立代理人）
平成十六年六月　学校法人東北文化学園大学外1校（民事再生、申立代理人）
平成十七年四月　昭和鋼機株式会社外1社（更生、申立代理人）
平成十八年六月　農事組合法人米沢郷牧場外2社（民事再生、申立代理人）
平成十九年三月　墨田工業株式会社（民事再生、申立代理人）
平成十九年四月　株式会社エーラインアマノ（民事再生、申立代理人）
平成十九年九月　株式会社アウトバーン外1社（民事再生、申立代理人）
平成二十年九月　多田建設株式会社（会社更生、管財人）
平成二十二年一月　株式会社シネカノン（民事再生、申立代理人）
平成二十二年四月　株式会社タキソウ（民事再生、申立代理人）
平成二十三年十二月　全国水産加工業協同組合連合会外1社（民事再生、申立代理人）

【私的再建手続】

平成五年　富士ベンディング株式会社外FVグループ

平成六年　サザレコーポレーション株式会社（石亭グループ）
平成七年　株式会社巴商会
同　年　びわこプレジデント観光株式会社（比良ゴルフクラブ）
平成十年　日東リース株式会社
平成十一年　株式会社丸井今井（札幌）
平成十二年　株式会社東京ますいわ屋グループ
平成十三年　日本交通株式会社
平成十五年一月　成井農林株式会社（郡山、ゴルフ場7コース）
平成十八年　翼システム株式会社
同　年　常磐交通自動車株式会社グループ（福島）
平成二十一年　全国水産加工業協同組合連合会
平成二十三年　株式会社ダルマ薬局

二、住専国会での意見陳述

平成八年二月にいわゆる住専国会があり、そこで、私は、「国が一民間金融機関でしかない住宅金融専門会社（以下「住専」と呼称する）救済のために、国家予算で六八五〇億円もの大金を注入しようとして、そのための予算委員会の審議の行われるとのことであるが、国民は誰一人としてこのことについて納得しておらず、将にこれは、国の資金で一部の民間金融機関の救済をしようとしているもので、正義に反する」として厳しい発言をした。

ふとした縁で存じあげていた公明党の矢野書記長が段取りをして下さり、国会の予算委員会で、私が国民の意見を代表して公式に「公述人」と云われる立場で発言する機会を得た。

私としては、住専救済のために、高額の資金投入の行われると云うことに「義憤」を感じていただけにこの発言の機会は「よし、やってやるぞ!!」との意気込みで予算委員会で語気鋭く発言した。

この席での私の発言の要旨を後述のように文書にしたためて、予め予算委員会に配布した上で意見陳述をし、各議員からの質問を受け、明快に回答した。

平成八年予算委員会に関する公述人意見書
（要旨）
公述人　弁護士　清水　直
衆議院予算委員会
委員長　上原　康助　殿
記
一、当公述人は、平成八年度予算案に関する衆議院予算委員会における平成八年二月二十二日開催の公聴会において、以下の通り意見を述べます。

二、私は、日々、額に汗して働いて真面目に納税している納税者の意を体し、私自身も一納税者として、また、法律家として、住専処理関連予算を中心に以下の意見を述べるものであります。

三、意見の要旨は次の九点に集約されます。

(1)国民は、六八五〇億円の支出について反対しており、誰一人として納得していません。したがって、この六八五〇億円の歳出部分について削除して平成八年度予算を成立させるべきであります。

(2)右六八五〇億円は、政府、大蔵省が住専の処理に当って、既存の法的処理方法を殊更に回避して、くさいものに蓋をするが如く、密室で考案した「住専処理機構」なるものの住専処理方策の故に生じた支出であります。

しかしながら、住専の処理は、後述するが如く、一円の財政支出なくしても、政府案よりはるかに公正・衡平・迅速に処理することが既存の法体系の中で可能であります。

換言すれば、金融システム維持の美名の下に責任追及を避けるための処理が密室の中で相談されたために、国民はそのとばっちりを受けて、六八五〇億円を負担させられようとしているのであります。

住専の処理を以下に述べる法的手続きによるなら、国民は一民間企業の倒産整理のために、不合理な六八五〇億円もの税金を負担しなくて済むのであります。

政府は、今からでも遅くはありません。直ちに住専七社について会社更生手続き開始の中立をさせ、住専七社を裁判所の管理下におく措置を講じ、国民に不当な税負担をさせないようにする義務があります。

私は、預金者保護、金融システム維持に必要なことは、十分理解しております。しかしながら、預金者保護、金融システムの維持、を隠れミノにして自ら犯した犯罪行為の責任や、関係者に与えた損害賠償責任を逃れようとする者を放置することはできません。

政府は、「責任を明確にする」とか答弁しておられますが、政府案のシステムは誠に迂遠であり、間接的であり、直接的でないばかりか、この方策は無責任体制に変化する可能性を秘めています。

(3)六八五〇億円の支出の決定過程、今後の処理システムのいずれも倒産処理のルールに違反し、公正でなく、衡平でもありません。また遂行可能性についても政府案は極めて疑わしく、手続き全体が不透明であり国際的にも通用するものではありません。

(4)一般に、倒産の処理には新たな金は要らないのは常道です。それは再建、清算いずれの場合でも然りです。住専についてもその処理に新たな金は一円も要らないのであります。しかるが故に、国民は住専処理で血税が六八五〇億円も使われると聞いて驚き、かつ怒っているのであります。

(5)政府の住専処理案は、現在の法体系を乱し、特に今回の住専に限り認めようとしている各種の措置が、いずれも三権分立、法の下の平等、その他憲法に違反する疑いがあります。法制審議会での慎重な審議の末とは思えない法案が通されようとしています。

(6)国民は、今回の政府の処理を「ごまかし」と受け止めています。不良債権の処理と金融システムの維持のためには六八五〇億円だけですむとは誰も信じていません。それだけに今回のやり方は六八五〇億円を何が何でも通過せしめて、不良債権について血税を使うための先ず第一の穴をあけ、あとは、ノンバンクの処理であれ、何であれ、次から次へと来るであろう巨額の不良債権に血税を使いやすくする筋道をつけるのが今回の狙いであると国民は受け止めています。ごまかしで、なし崩し的にやろうとしている、と疑っています。

国民は、東京共同銀行も共同債権買取機構も不良債権の処理は全く進まず行き詰っており、これらはすべて国民を欺くものであったこと、失敗であったことを、もはや知っています。国民は、三度目のごまかしを容認しません。政府は不良債権問題の全容を国民に示し、その全体的処理の必要性を一日も早く明らかにし、かつ責任の所在と追及を徹底して、全部の解決に一体いくらの公的資金が必要かの限度を示す必要があります。

(7)住専の処理を法的にやれば、農協がつぶれると言う人がいます。それは、間違いでありま す。住専の倒産即農協の倒産には至りませんし、そうさせない方法はあります。農協が、住専の金利に頼っていてはいけないことは数年も前から既に知られていました。農政審議会は農協の三重構造を二重構造にし、組織のスリム化、合理化をし、組合員一〇人で一人の農協職員を雇傭している点を合理化し、組合本来の事業である農産物に関する事業が赤字で、信用事業で補うという体質も改めるべきことを数年前から指摘してきたところであります。

農協は住専以前、母体行責任云々以前に自らの体質改善の遅れに想いをいたす必要があります。

⑻住専の処理は、会社更生手続によって行えば、六八五〇億円は不要であることがわかります。

この手続は専門家の間でも余り知られていない分野で、実務経験のある方が少ないのが実情でありますが、本件住専処理に当っては、この手続によるのが最も適しています。

住専が今日に至った原因、責任の所在と追及、資産・負債・損益の確定、不良債権の取立・回収、手続自体の透明性、迅速性、確定性のいずれの点からみても政府案より優れているものであります。会社更生手続によれば国民は六八五〇億円を負担しなくても済むのですから、政府は、この手続をもう一度検討し、採用されるべきであります。

ここで、既に配布申し上げている資料に基づき、六八五〇億円無しで政府案より優れて住専処理できる方策のあることを具体的に提案することとします。すなわち(別紙資料の説明…略)。

⑼ところで、住専処理に関連して農協の危機がささやかれておりますが、農家の預金を保護すると言うことの必要なことは言うまでもありません。しかし、それが、住専経由であることが筋違いなのであって、不明朗も甚だしいものであります。

農家も農協も、住専処理の救済策として「農協に金を出してくれ」とは言っていません。母体行、一般行、住専についてもしかりであります。

いわば、六八五〇億円は誰からも望まれずに国民の懐からつかみ出され、すべての人から歓迎されないで無駄に費消されようとしているのであります。

農家の預金は農林漁業貯蓄保険機構を通じて別途処理すべきことであり、住専問題にからめるのは筋違いであります。

四、住専について、今、直ちに会社更生手続開始申立をさせ、裁判所の管理下におくべきであります。責任を問われている大蔵省が母体行、一般行、農協系の間をかけずり廻ってまとめようとしていた間も、また今国会で審議している間も住専の資産は、日に日に劣化し、散逸しつつあります。また、責任追及のための証拠も散逸しつつあります。今後、参議院の審議を経て本件予算及び関連法案が成立したとしても、住専処理機構なり預金保険機構が本格的に責任追及、取立・回収に取り組むまでには未だ三カ月乃至六カ月かかるのではないかと危惧します。

この間に更に住専は日に日に悪化し、モヌケのカラになるおそれがあります。それは、これまでに処理した東京協和信用組合、安全信用組合、コスモ信用組合、木津信用組合、兵庫銀行で証明済みです。

今、直ちに会社更生法を適用すれば明日にも保全管理人による管理がなされ、財産・証拠の散逸は防げます。責任の追及も着々と行われ、取立、回収も進みます。

六八五〇億円が必要か、どこにどう使うか、の審理の進む中で併行して住専を会社更生法により処理してもいいのではないでしょうか。

政府案は金だけ先にジャブジャブ使い、モヌケのカラの住専の財産を引き継ぎ、責任追及もうやむやに終わる可能性が大であります。

今もし、この不透明なままで、この六八五〇億円を支出することを可決して支出したときは、政府は次なるより大きな不良債権処理の難問には公的資金を導入することは絶対にできなくなるでありましょう。国民は認めません。

ここで、政府当局に肝に銘じていただきたいことは、今回のこの不合理な税金の使い方のために、どれだけ善良な国民の納税意欲が阻害されたか、はかり知れないということであります。

最後に、二七四兆円の国債の残高と言い、今年度予算の中に占める二一兆円からの新たな国債の発行といい、日本国の財政は日に日に破綻の方向に向かいつつあると言えないでしょうか。次の世代に大きな借金を残してもいいというのでしょうか。本年度予算は一言で言えば、無責任体制の見本ともいうべきものでありましょう。

公述人としては私以外に、古関忠男氏（財団法人ＫＳＤ中小企業経営者福祉事業団理事長）、樋口恵子（東京家政大学教授）の二氏が意見を述べた。

最初に公述人三人が各々二十分ずつ一通りの意見を述べ、次いでこれに対する各委員の質疑応答がなされる形式となっていた。しかし、質疑応答の四分の三くらいの時間は、清水公述人の意見に対するものに費やされる程であった。

新聞週刊誌、テレビ等々マスコミは「住専処理に財政資金は不要、会社更生法で明朗解決」等の見出しをつけて、大々的に報道してくれた。そのため、当時、連日、取材対応や、テレビ出演する等して大忙しであった。

私の事務所でイソ弁をしていた松井勝弁護士は、次のようなレポートを私の事務所に送って来た。

「速報」

「清水先生咆哮す!!子孫にツケ回すな!」（観戦記：松井　勝）

本日午前十時から衆議院予算委員会が開かれ、清水先生が公述人として招かれた。九時十分に弁護士会館に集合し、清水先生以下松井、小竹、田中の面々が蔭地《おんじ》さん運転の車で霞が関へ出発した。

今日は寒空ではあったが空は高く晴天であり、セルシオも軽快に桜田門の坂を国会に向かう。心なしか今日は議事堂も立派に見えるようだ。

国会議事堂のT字路交差点の前で信号が赤に変わり、左右の道路を車が行きかう。今日の公聴会はどうだろう、期待と若干の気分の高揚でいつもと違う空気を感じる。

交差点の正面は議事堂の正面だ。衛視が何人かみえるが、人影はなく、議事堂の前広場がやけに広く見える。

交差点の信号が青に変わり、回りが注目する（ような）中で、国会正面に車を入れる。衛視が招待状を確認すると、正面ゲートはおもむろに開かれた。

蔭地さんがアクセルを踏み、議事堂の正面を入る。「気持ちいいねー」との言葉に皆一同笑声でうなづく。

正面左側の建物が、予算委員会の行われる所だ。小学校の時に来た気もする。蔭地さんの機転で議事堂をバックに写真を撮影する。

院内には、九時三十分到着。衛視が委員会室まで案内してくれた。思ったほど豪華ではないが、人も頻繁に出入りし、ここで国の行方が決められているかと思うと気持ちが引き締まる。

清水先生は特に緊張している様子はない。ただ、いつもより口数が少ないので寡黙の私もいつも通り静かにしていよう。

委員会室へ案内されると、大臣席へ公述人の三名が誘導される。小竹、田中随行員は政府委員の坐る二列目の席へ着席する。私は側面の傍聴席に坐る。清水先生は控室から資料の確認と演説の組み立てに頭が向いているようだ。今日のこの日には、かなり期するものがあるのかもしれない。

住専国会公述人として意見を述べる

十時直前になると、委員の先生達が三々五々入室してくる。顔を見たことのある議員もおり、テレビの内側に入っている錯覚にとらわれる。場内は十時になっても騒然とし、人が行き交うが、委員長から公聴会の宣言が行われる。

一番手が中小企業関係の古関氏、二番手が清水先生だ。古関氏が指名され、ゆっくりとした口調で中小企業の保護を訴える。お年のせいか二十分間の時間制限を超えて演説が続き思わず与党議員から×印のサインが随行員に送られる。

影響がなければ、と思いつつ、古関氏の演説は散漫のまま終了する。いよいよ所長の登場である。

委員長から、「清水直君」との指名により演壇に立つ。二階席のカメラマン約二十人程がカメラのシャッターをパシャパシャ、カシャカシャと切り、盛んにフラッシュがたかれる。一瞬所長がマスコミのヒーローになったようだ。

演説は公聴会への出席へのお礼から始まった。儀礼を尽くしたのはここまでで、後は一気に住専への更生法適用と政府案への疑問の論調だ。声色はいつもより高めで気合い充実と昂りを感じる。委員会席も「タダ者ではない」と感じとってか、幾分の緊張と静寂につつまれる。事前に発言要旨と資料は渡っているが、書面にとらわれず国民が知りたいことを更生法の経験談を交えながら切り込んでいく。

まずはじめは更生法は企業存続、破産法は清算という図式の認識の誤りを指摘、勉強会での指摘が活かされたのか、滑り出しは順調だ。その後は具体的な更生手続きとそのメリットの説明が行われる。責任の所在の議論より現状何を為すべきが最善かを説く。住専は今も徐々に劣化していくこと、国民は六八五〇億円の積算根拠を納得しておらず、更生法により弁護士、会計士等が入っていくことで積算根拠も明らかになること、損益額の確定もなしうること等。

一方政府は農協の預金者保護を図ること。現在の処理案では五兆円の返還資金の投資先がなく、現状では農協系金融機関の保護にならないこと等を主張する（本日午后十時よりラジオ放送あり）。

そして最後に二七四兆円の借金を放置し、子孫にツケを残す政治は「父親として到底容認できない」として予算の見直しを声高に主張して意見陳述を終えた。

その後、各委員から質問があり、途中からほぼ清水先生の独壇場となった。質問はどれも各党の主張を補強しようとするものだった。新進党の川島委員から約三十分にわたる会社更生の適用に関する疑義が出されたが、見事一刀両断して明解にかつ今後の仕事に支障のない形で回答した。

終了後は国会議員の名刺交換、マスコミ各社から住専法案を中心とした質問が委員会室の廊下で行われ、議員へ転出かと思わせるほどの人気ぶりだった。

意気揚々と国会の正面を出て、昼は八丁堀のうなぎ屋でご馳走になった。費用は清水先生の本日の委員会出席日当、三万円から支払われた。

（以上）

この時の住専処理に関する私のマスコミを通じての発言に、多くの人から「よくぞ言ってくれた、私も清水さんのご意見に大賛成だ!!」とのお言葉をいただき、反響はかなり大きかった。将に国民の大部分が、住専に大金をつぎ込むことに疑問あるいは反対の意見を持っていたと思わしめるには十分な状況であった。

三、若手弁護士の育成

①裏方の人を大切にする

頼り甲斐のある、庶民に寄り添うことのできる人材を育成する、と云うことは言うは易しく仲々難しいものである。

「何故か?」と言えば、若い弁護士は、得てして、「我は弁護士なり」と少し気色ばんだプライドを持っているからである。先に述べた三つのセンスを保持しつつ、常に謙虚に関係あるすべての人の言を大切にしていく心掛けが必要である。

云うなれば「若い弁護士さん、あなたは確かに法律論はしっかりしているかもしれないが、弁護士として世間の人々から信頼されるには世の中の一般的な社会常識に精通していなければ、人を惹きつけることはできない」と云うことである。

若手弁護士の育成の一つの有力な方法として、倒産会社に、再建のために現場に常駐させる、と云うことは極めて効果的である。と云うのは、法律事務所にデンと坐ったままで、法律論をとやかく云うような事件処理の方法をしていては企業の再生はできない、あくまでも「現場主義」であって、当該会社、本支店はもちろんのこと、工場・建設工事現場・下請協力業者等々の現場へ直接赴き、現地で直接、見聞きすることが肝要で、そうしてこそ、倒産原因、再建策がどうあるべきかのヒントをつかむことができるからである。

特に倒産事件は、関係ある人達の協力なくしては、何もできないのであるから、先ずは、現場へ赴き、関係者の苦情・悩みを謙虚に聴くことから始める必要がある。

云うなれば、倒産事件は若手弁護士を教育するには、恰好の題材・機会を与えてくれると言っても過言ではない。それ程、倒産会社には、予想もできなかったような、様々な問題が無数にあるからである。

そして、これらの次から次へと押し寄せて来る難問を迅速にテキパキと処理できるためには、それなりの知識・経験・決断力や行動力が必要であって、将に、若手弁護士を鍛えるには恰好の題材を、日々、新たに、無数に提供してくれるのが倒産事件であって、若手弁護士を教育するには最適なのである。

そして特に大切なことは、弁護士や裁判官、検察官等の法律の専門家と言えども、取り扱う事件を日々裏方として支えてくれている人のいることをしかと認識しておく必要がある。裁判所書記官・検察事務官・法律事務所従業員である。これらの裏方の支えがあって初めて、法律家の仕事もなし得るのだ、と云うことを特に若い弁護士は、しかと心得ていなければいけない。

未だ私が駆け出しの若い弁護士時代には、東京地裁の民事八部・九部等には名物書記官が居られて、これらの方々に何やかやと、よく教えていただいた。仮差押や仮処分の申立をする際に、「当事者目録」や「物件目録」「登記権利者・義務者目録」等々を必要部数だけ申立書と同時に提出できるようでなければならない。

最初の頃はつっけんどんに受付してもらえず、何度も提出し直しているうちに担当書記官も「仕様がないね」とやゝあきれ顔ながら、色々実務を教えて下さり可愛がってもらえるようになったことを今更ながら、ありがたく想い出している今日この頃である。

また、法律事務所で働いている事務方の職員の育成も重要で、これらの裏方を如何に養成するかも大切なことである。そのようなことから、弁護士、事務員の親睦・交流を深めるべく、「清水会合同慰安旅行」や「清水会ゴルフ大会」、「歌舞伎観劇会」等を行い、実弟の清水敬（今は故人）も清水直法律事務所の事務局長として活躍してくれて、清水会裏方の人材育成に少なからず尽力してくれた。

ある時期には、清水直法律事務所出身の弁護士連中を、裁判官や弁護士仲間から「清水軍団」等と謂われた。恐縮そのものであった。

とまれ、若手弁護士や行動力のある事務方の育成に、少しは貢献することができたのかな、と自己満足している次第である。

②三男、修の入所

宝町時代同様倒産事件を数多く手懸けるなか、若手のイソ弁も次々と入所あるいは独立していった。

平成二十二年には三男の修が弁護士登録し、清水直法律事務所に入所した。彼は周りの人々からは文字通り、後継者と目され、私の弁護士としてのノウハウを受け継いでいくべく、日々精進してくれるところとなった。

八重洲時代に育成した弁護士は次の通りである。

（入所順）

①　田中寿一郎　学習院大学法学部卒
司法修習　平成五年修了（四十五期）
入　所　平成五年
独　立　平成十二年

②　武内　秀明　中央大学法学部卒
司法修習　平成六年修了（四十六期）
入　所　平成六年四月
独　立　平成十三年

③　角家　弘志　慶應義塾大学法学部卒

司法修習　平成九年修了（四十九期）
入　　所　平成九年四月
独　　立　平成十二年

④　岡野　真也　立教大学法学部卒
司法修習　平成九年修了（四十九期）
入　　所　平成九年四月
独　　立　平成十八年

⑤　高橋　修平　慶應義塾大学法学部卒
司法修習　平成十年修了（五十期）
入　　所　平成十年四月
独　　立　平成二十年

⑥　御山　義明　慶應義塾大学法学部卒
司法修習　平成十一年修了（五十一期）
入　　所　平成十一年四月
独　　立　平成二十一年

⑦　矢作　和彦　早稲田大学法学部卒
司法修習　平成十二年修了（五十二期）

入　所　平成十二年四月
独　立　平成二十七年

⑧　江木　晋
慶應義塾大学法学部卒
司法修習　平成九年修了（四十九期）
入　所　平成十二年十月
独　立　平成十七年

⑨　萩原　貴彦
中央大学法学部卒
司法修習　平成十二年修了（五十三期）
入　所　平成十二年十月
独　立　平成二十一年

⑩　大関　大輔
早稲田大学法学部卒
司法修習　平成十五年修了（五十六期）
入　所　平成十五年十月
独　立　平成二十四年

⑪　諸橋　降章
早稲田大学法学部卒
司法修習　平成十七年修了（五十八期）
入　所　平成十七年

独　立　平成二十七年

⑫　新垣　卓也　中央大学法学部卒
司法修習　平成十八年修了（五十九期）
入　所　平成十八年
独　立　平成二十四年

⑬　小野　健晴　明治大学法学部卒
司法修習　平成十八年修了（五十九期）
入　所　平成十八年
独　立　平成二十七年

⑭　志村　聡　慶應義塾大学法学部卒
司法修習　平成二十年修了（六十一期）
入　所　平成二十年
独　立　平成二十五年

⑮　酒井　圭　早稲田大学商学部卒
司法修習　平成二十一年修了（六十二期）
入　所　平成二十一年
独　立　平成二十三年

⑯　原　大二郎　中央大学法学部卒
司法修習　平成十八年修了（五十九期）
入　所　平成二十一年
独　立　平成二十七年

⑰　清水　夏子　明治大学政治経済学部卒
司法修習　平成十七年修了（五十八期）
入　所　平成二十二年
独　立　平成二十四年

⑱　清水　修　学習院大学法学部卒
司法修習　平成二十二年修了（六十三期）
入　所　平成二十二年
独　立　平成三十一年

⑲　今井　智一　東京大学経済学部卒
司法修習　平成二十二年修了（六十三期）
入　所　平成二十六年
独　立　平成三十年

⑳　浅岡　知俊　東京大学経済学部卒

司法修習　平成二十二年修了（六十三期）
入　所　平成二十七年十月
独　立　平成三十一年

㉑　髙木　裕介
早稲田大学政治経済学部卒
司法修習　平成二十九年修了（六十八期）
入　所　平成二十七年十二月
独　立　平成三十一年

㉒　木村　晃一
立教大学法学部卒
司法修習　平成二十四年修了（六十五期）
入　所　平成二十五年
独　立　平成三十一年

㉓　二木　一平
獨協大学法学部卒
司法修習　平成二十七年修了（六十九期）
入　所　平成二十九年一月
独　立　平成三十一年

第十三節　日本橋時代

（平成二十九年十月以降今日まで）（五年間余）

一、八重洲再開発による立退

平成三十年暮から春にかけて、東京駅八重洲南口周辺を中心に、ビル高層化再開発がなされることになり、既存ビルの取り壊しのため、我々は立退を求められた。

前向きの事業進行のためもあって、立退交渉は極めてスムーズに、しかも立退する者にとって極めて有利な条件が提示されたので交渉はさしたる抵抗もなく、立ち退く我々も快く了承した。

運良く、八重洲北口から高島屋方面に向かう「桜通り」を歩くこと僅か数分位の処に「画廊ビル」と云う、一階に画廊のあるシャレた貸ビルの空きがあり、これを賃借りすることができた。立退条件と言い、気品のあるビルを新たに借りることができ、ビルの内装工事や引っ越し費用その他諸々の経費はすべて立退料で賄われ、しかも税務面でも何の負担もなく、万事、極めて好都合に終始し、この引っ越しはまさにメデタシメデタシであった。

引っ越し後、日ならずして、三男の清水修が同期の溝田宗司君、浅岡知俊君、関善輝君と共に「ＭＡＳＳパートナーズ法律事務所」を同所に開設した。清水直法律事務所はこれに合流することにな

令和２年７月　三男・修弁護士と

り、私自身は「ＭＡＳＳパートナーズ法律事務所」の顧問に就任することとなった。云うなれば、八十代にもなって、吾が者顔で出しゃ張ったりせず、若手弁護士の育成や支援に力を注ぐというい
わば後見的立場で、今後の弁護士生活を続けていこうと決めたのである。

ある意味で、八十代の生き方は若年・壮年時代とは異なって、あれもやりたい、これもやりたいではなく、仕事も遊びも数ではなく、質の良さを追求すべきかと考えて行動するように心懸けるようになって来た。

二、ゆとりある日々

五十年間、毎週のように出掛けて楽しんで来たゴルフも、一応このあたりで終わりとし、幸い、まだゴルフ会員権相場もかなり高い時季に次々と売却処分した。ちなみに私が所有していたゴルフ会員権は次の通りである。

①我孫子ゴルフ倶楽部
②取手国際ゴルフ倶楽部
③藤和那須カントリークラブ
④万木城カントリークラブ
⑤伊豆大仁カントリークラブ
⑥伊東国際カントリークラブ

⑦新沼津カントリークラブ
⑧静岡カントリークラブ
⑨甲府国際カントリークラブ
⑩つくばねカントリークラブ
⑪鶴舞カントリー倶楽部

今日、ゴルフ会員権の相場がかなり下落しているのを見るにつけ、よくぞまあ、タイミングよく、高値で売り抜けたものだな、と思う昨今である。

また、長唄を約五十年間趣味として習い、年に三~四回は演奏会に出演して楽しんで来たが、これも、もうそろそろ卒業かな(?)と自覚し、終わりとした。

その結果、ゴルフと長唄に費やしていた時間がそっくり空きとなったので、毎日の生活面では望外の時間がたっぷりでき、こうして自叙伝を書こうかと云う気にもなった次第である。

幸い、今日(令和五年)では、弁護士である息子・三男の修が、既に弁護士業十三年、一人前にもなり、私の仕事の殆どを大過なくこなしてくれているので、私は云うなれば、「日々是好日」の「悠々自適」と言った、ゆとりのある日々を送れる程になったという次第である。

第十四節　私と刑事事件

清水直弁護士と言えば、「倒産事件」と連想される程、私は倒産事件専門（民事事件）の弁護士のように世間では見られているようであるが、実際には、結構、刑事事件も手懸け、それなりの結果を得て来ている。

一、嘱託殺人事件

特筆に値するのは昭和三十八年夏のことで、広島地裁呉支部に係属していた、さる嘱託殺人事件の弁護であった。

当時、この事件は地元で第三の八海事件と騒がれ、殊に、殺し屋を雇ってライバル会社の社長を殺させたとして新聞・テレビ・週刊誌に大々的に報道され、被告人は逮捕の瞬間からマスコミによって殺人犯人に仕立てられていた。

被告人（殺人を嘱託したとされる人物）は捜査段階から終始否認し続けていたにもかかわらず、検察官は起訴し、一審五年、二審五年を費やし、求刑は無期懲役であったが、一審無罪、二審控訴棄却で上告がなく、無罪が確定した。

この事件のため私は計十年間、頻繁に広島通いを余儀なくされた。若かったからこそ成し得たものの心身共にかなりの負担となったことは疑いのないところであった。

私に相談があった時点ではすでに地元で二人の弁護人がついており、公判が開かれて一年余を過ぎていたが、私の所には被告人の家族が弁護団の補強について依頼に来たのである。

私はぼう大な記録を一通り読み終えたとき、事件は極めて不利に展開しつつあるとの印象を受けると同時に、「何だか変だ、どこかにカラクリのあるような事件だ」と感じた。

私はこれはただならぬ事件であり、私如き若造に判断できるものではない、ここは何よりも刑事弁護の大立物の弁護士に依頼するしか道はないと思った。

たまたま被告人は故池田勇人総理の有力な地元後援者であった関係から、池田派に属されていた衆議院議員の故鍛冶良作先生にこの件をご相談するところとなった。

鍛冶先生を議員会館におたずねしたところ、鍛冶先生は事件の概要と性格を聴かれた後、私があらかじめ用意して来たお頼みしたいと思う候補の刑事弁護の大先生リストを見て、即座に「これは島田君!!」と何の理由もおっしゃらずにお決めになり、その場で島田先生にお電話して下さった。

これが私と島田武夫先生の出会いであった。

島田先生に膨大な記録をお渡しするにしては、現地で関係者の手にしている記録は余りにも不備であり雑多であったので、私は島田先生に一カ月の猶予をいただき、箱根に二週間こもって事件の背後関係・動機・共謀の状況・殺人の実行行為・その後の関係者の行動等々についての㊡面調書・㊕面調書・公判記録を私なりに整理した後、これを二軒の謄写屋で記録を作り直してお渡しした。

先生は「これはよく整理できていて頭に入りやすい」と喜んで下さり、二週間と経たないうちに読み終えられた後、私を呼び、「清水君、このままでは負けだよ。今の弁護方法は、下手な鉄砲数打ちゃ当たる、みたいなもので、細かな間接事実をあれこれ争っているみたいで、弁護の柱になるものがない。刑事弁護というのは総花的にやっても駄目なんだ。ここぞという一か所でいいから、事件を崩すに足りる切込みのできるものがなければいけない。今の状態は戦争でいえば、小銃ばかりを並べて戦っているようなもので、大砲がない」と評され、「何かないのか？」と言われた。

それからと言うもの、私は月のうち三回、多い時は五回も広島に足を運び、事実関係を実際に私の足で調査して歩いた。

そこで私は事実関係について現地に赴いてつぶさに調査をし、関係先を細かに訪ね歩き、供述調書に記載されている事実関係・証拠関係を綿密に確認検討をしていくうち、司法警察員作成の供述調書、いわゆる㊞面調書がデタラメどころか、見込捜査によるデッチ上げ調書であることがわかり、「刑事事件とは、このようなものなのか？信じられない!!」と少なからずびっくりした。

殊にある刑事の㊞面調書は、事実とは異なることがさも「そうであったか」と思われるような極めて理路整然となめらかな文章でデッチ上げられていた。この刑事の作製した㊞面調書をすんなりと読了すれば、「成程、本件はこういういきさつだったんだ」と納得させられるような気がするのであろう程の見事なデッチ上げ調書であった。

しかしながら、私は共犯者の供述調書の信用性に著しい疑問を感じていたので、調書に出て来る第三者との接点について、つぶさに事実そのものが、㊞面調書に記載されている通りであるかどうかをこまめに調べていくうち、いたる処で、事実とは全然違うことが分かって来た。

そうこうする内に思わぬ第三者証人と出くわした。その証人とは、呉警察署に元勤務していた警察官で、退職後、生命保険の外交員をしている者が次のような驚くべき事実を話してくれた。すなわち本件捜査の最中に呉署内または留置場の食堂等で捜査担当警察官の立会の下で本件の二人の被疑者（首謀者と殺人の実行行為者）が頻繁に面会して事実関係の打ち合わせをしていたと云うのである。その元警察官だった彼が、「これは変だな?」と疑わしく思っていたところ、果たせるかな、広島県警察庁による調査と厳しい注意があったとのことであった。

云うなれば捜査中に捜査官が相被告人の口裏を合わせるべく、接見禁止中の二人の被疑者を裁判所の許可なくして頻繁に面会させていたと云うのである。

この事実を先生にお伝えした時、先生のあの大きなギョロッとした目が一段とカッとなるように開いて「清水君、それだ!」とおっしゃったのが忘れられない。

その後の公判は検察と弁護はその攻守ところを変えた如くになり、一転して、警察、検察の違法捜査手続解明の法廷と化した。

特筆すべきは、前述の元警察官からの情報により、事件の中心人物たる二人の被疑者の供述の信用性に疑惑が持たれていた折しも、本事件において最も重要な役割を果たした証拠物「昭和三十七年日誌」（犯罪捜査規範第二四五条並びに監獄法施行規則第一一五条所定の視察簿）が弁護側の申請に基づく提出命令決定により昭和四十年十月裁判所に提出押収され、本件捜査当時の数々の違法行為が白日の下にさらされるきっかけになったのである。

そして、右日誌の提出とほぼ同時期に被告人（殺人を嘱託したとされる人物）を逮捕して取り調べた元呉署捜査係で、当時広島東署防犯課の職にあった一刑事が証人として出廷し、二日間にわたる取り調べで「被告人は事件の被害者であって加害者ではない。自分は色んな角度から検討してみて被告人は白であると信じている。上司に対しても、そのように上申したが受け入れられなかった」旨の爆弾証言をなし、当時、マスコミにおいて相当に騒がれた一幕もあった。

この事件の後日談であるが、前述のような見込捜査によるデッチ上げ事件であっただけに、単に刑事事件が無罪を勝ち取れただけで終わりとするには納得がいかず、本件について国・広島県、及び前述のデッチ上げ事件の中心となった警察官三名を被告として、損害賠償請求事件を提起するところとなった。

ところが、訴訟提起後、日ならずして、本人も、また、無罪立証のため、弁護人らと共に苦楽を共にして来たとも云うべき本人の息子も相次いで故人となってしまった。残された四人の娘たちは「無罪」が立証できただけで充分で、更に国や広島県、三人の警察官に対する損害賠償請求事件を今後も斗っていくのはいかがなものか、「私達は父のお蔭で、結構な処へ嫁がせていただいて幸せ充分なので、もうこの損害賠償請求事件は取り下げて終わりにして下さい」とのこと。暮の押し詰まったとある日に、本件の取下書を裁判所に提出し、裁判長に御挨拶かたがた面会したところ裁判長は相好くずして「いやー、清水さん、この膨大な記録を正月休みに読まなければならないかと気が重くなっていたところで、これはまあ、暮に結構なボーナスをいただいたようなものだね」と述懐しておられた。

二、訴因変更により極く軽い刑で終えられた事件

千葉県の著名なゴルフ場のオーナーが、そのゴルフ場の会員権数口を私物として換金処分したことによる業務上横領事件として起訴された事案である。

当初から被告人は他人の物を横領したのではなく、自己所有物としてそのゴルフ会員権を売却したものであって、横領罪にはならないと無罪を主張したが、一審は業務上横領罪で判決された。被告人はこれを不服として東京高裁に控訴した直後に、柏原晃一弁護士から私に相談があり、早速、本人と面会し、事実関係を聴き、記録を精査したところ、「これは変だ?」と直感し、「一審の弁護人はどなただ?」と尋ねたら、意外や!!犬養法相逮捕状に絡んだ、かの悪名高き指揮権発動の最大の被害者とも云うべき、当時の検事総長であられた佐藤藤佐弁護士であった。私は「これは、佐藤先生を主任弁護人として、我々が如き若造は先生の下での弁護団の一員として、現実には弁護団の重要メンバーとして働くと云うのが妥当である」と判断して佐藤藤佐先生に面会した。佐藤先生は、無論、快く、私共の提案を了とされ、その日から控訴趣意書（こういう理由で一審の判決は間違っているということを訴える文書）に白熱の議論をかわしつつ控訴趣意書を作成して提出した。

事実関係を要約すると、さる著名なゴルフ場の預り会員権を業務上横領したと云うものである。

当の被告人は、「自己の所有物ではない、他人の所有物であるものを業務上保管中にこれを自己の所有物とした」とする意識等は全く無いので、「無罪」を主張した。前述の佐藤藤佐弁護人の弁

護の下で第一審を斗ったが、結果は業務上横領罪の有罪判決となった。

事の発端は、当の本人が「舌ガン」を患い、先行きが危ぶまれるとの状況となり、ゴルフ場の関係役員等が、せめて当の本人の生存中に、退職慰労金をさしあげたいところであるが、当のゴルフ場としては、現金でその退職慰労金を支払うだけの経済的余裕はないので、ゴルフ会員権を数口贈呈してせめてものゴルフ場創設者としての功労金を支払おうと云うことになったのである。

しかし、そのゴルフ会員権は所謂、預り金の払い込みの無い、持主（ゴルフ会員）の所在しないいわば紙片同然の会員権とも云うべきものであった訳である。

とまれ、ゴルフ場関係役員等の心根に当の本人は、素直に感謝し、当該ゴルフ会員権を有難く受領し、日ならずして、これを市場で売却・換金処分した。

ところが、市場では「変なゴルフ会員権」が出廻っている、との悪評が流れ、事件となったのであった。

しかして、ゴルフ会員権横領事件へと発展して行ったのであるが、第二審の東京高裁では、弁護団の提出した無罪主張の控訴趣意書を検討した上での公判の初日に、意外やいきなり裁判長から、「検察官!!訴因を変更されませんか?」との勧告があり、第一回公判期日は瞬時で終わり、次なる公判期日で、検察官は予備的に「背任罪」をつけ加えて来た。弁護団としては、ゴルフ場会社に損害を与える等と云うことは夢想だにしていなかったので、無論、「背任罪」の成立についても真っ向から反論した。

結果は単純背任罪による有罪判決ではあったが、執行猶予付きの極く軽い刑の言渡であった。

この判決に対して弁護団としては無罪を主張して上告して斗いたかったが、被告人本人としては年令と体力、病状を考慮して、これ以上、長く審理を受けたくない、とのことで、止むなく、背任罪は確定するところとなった。執行猶予付きとは言え、我々弁護団は釈然としなかった。

この判決を聴いた時の私の直感的印象は、「検察側の顔を立てて妥協的判決をしたな‼刑事事件にも和解があるみたいだ‼」であった。

余談ではあるが、この刑事事件をご縁に佐藤藤佐大先生とお近づきになれたことに伴い、その後、私が『会社更生手続の実務』なる書を著わした時、一冊を佐藤先生に贈呈した。先生としてはこのような本にさしたる興味を示されなかったこととご推察申し上げるところであるが、佐藤先生がたまたま私の著書を佐藤先生の書棚の一隅に置いて下さったご縁で、後日、佐藤先生のご子息であられる佐藤哲夫弁護士とお近づきになることができ、照国海運事件を手懸けさせていただくことになると云う、将に奇しきご縁の始まりであった。

三、国選弁護

若いころは国選弁護人としての働きも結構こなした。

と云うのは、刑事弁護と云うのは、民事事件とはまた異なる、人生勉強になるような事件に出くわすことが多く、国選弁護事件においても、いい加減な弁護活動をする等と云うことはせず、特に大森簡裁では、窃盗その他重大犯罪ではないような事件でも、丁寧に弁護活動をした。

当時、大森簡裁や検察庁、地元警察では、「清水弁護士と言えば、倒産事件専門の民事しか扱わない弁護士だ、と思っていたら、意外や、国選弁護人もやり、事実審理なんかでは、結構ねちっこいから要注意だぞ‼」等と評されていたようである。

国選弁護事件の中から、今日でも、私の脳裏に印象深く残っているのは長野地方裁判所佐久支部に係属した駒ヶ根地方の窃盗・強盗・強姦未遂事件である。

国選弁護を受ける際は、だれしも負担の軽い事件を選びたいと思う反面、「正義」のために事実を争い、検察官という国家権力とまともに闘う事件をやってみたいと若い時は思うものである。「第一審判決が不服で控訴した重大犯罪の事件を高等裁判所で担当してみよう」と思い、「窃盗・強盗・強姦未遂」という大事件を希望し国選弁護人になった。

事件は、信州南部のとある地方都市の郊外で起きたものであった。第一審の地方裁判所で、第一審の国選弁護人は本件を「冤罪」であるとして「無罪」を主張していた。膨大な裁判記録を何日もかかって入念に読み、検討するうち、「これは変だ。おかしい」との疑念を強く抱くようになった。日ならずして被告人の父親が訪ねて来た。見るからに田舎のお百姓さんという感じの実直そうな人とお見受けした。

「先生、うちの息子はこんな大それたことを、一人でやれるような男ではありません。肝っ玉も小さければ、頭の回転もききません。気弱ですし、口下手なので、おそらく警察官に言いくるめられてしまったのではないかと思います。どうか先生のお力で息子を救ってやってください。お願いします」

そして拘置所で被告人に面会した。これが、彼と私との最初の出会いであった。

父親の言うとおり口数は少なく、とつおいつ事件について話すが、話の筋に脈絡がなく首尾一貫しない。警察や検察官の述べたことについて問いただしても、ピンとくる回答がない。ひょっとしたら精神障害があるのかなと思いつつ、「どうなんだい」と結論を尋ねると、「先生、僕、やってないんです。第一のコソ泥は近くの農家の作物を少し失敬しただけなんで『すみません』と謝れば、それですむと軽く思っていたんだけど、こんなとんでもないことになってしまって…何が何やら全くわけがわかんなくなっちゃってるんですよ」とさも頭の中がこんがらがっているような様子であった。

「これは、警察が未解決の事件を背負い込ませたな」と直感し、「よし、それなら手弁当でも徹底的に闘って無実の罪をおっかぶせられないように頑張る!!」と、正義感に燃えて、アリバイが通りそうだと思い現場を検証し、現地での聞き込みをする等して事実の確かめから入った。

その上で、分厚い控訴趣意書を東京高等裁判所に提出した。

高裁の裁判長は、丁寧に事件記録を読み控訴趣意書を検討したとみえ、事実そのものの再審理ということになり、裁判は全部やり直しとなった。アリバイの主張を検証するため、雪の山中を裁判官・書記官・検察官・弁護人ともども長靴を履いて現場検証し、十数名に及ぶ第三者の証人、三名の警察官の出張尋問もした。審理は被告人に極めて有利に展開しているかに見えた。しかし、如何せん検察官や警察官は組織をあげて官費で権力に基づき補充捜査するのに対して、こちらは手弁当で、しかも協力したがらない人々に頭を下げ腰を低くしてお願いしながらの証拠集めであるから、所詮、財力・組織力で勝ちようがない。いま一歩の極めつけの証拠集めがどうしてもできない。付足しのように起訴されている農作物のコソ泥（「野荒らし」と俗に言われるような微罪）は事実として本人も認めているので、全部、完全無罪とはいかないため松川事件や八海事件のような支援団体を組織することもできない。

窃盗・強盗・強姦未遂、どれも日時・場所が異なり事件相互の間に何のつながりもなく、強盗・強姦未遂の被害者と称する人も田舎のおばちゃんで、この人もそんなに頭の回転のよい人に見えなかった（暗示にかかりやすい人との印象）。

二年間の丁寧な審理はしていただけたものの、結果は控訴棄却、懲役三年六月（有罪とすれば刑は軽すぎるかもしれない）ということになった。被告人とその父からのたっての願いで、私選弁護で最高裁まで争った（報酬は三万円―実費以下）。

最高裁も上告棄却で刑は確定し、本人は服役した。最後の面会の日に彼は、

「先生だけは、僕がやっていないってことを信じてくれますよね」

「無論!!まだ駆け出しの弁護士で、十分にしてあげられなくて申し訳なかった」

「これだけやっていただければもういいです。一日も早く刑をつとめて帰って来ます」

数年後、彼から手紙が届いた。

　先生、比較的早く仮釈放してもらって帰ってきました。そして今、近所の高速道路の料金所で働いています。一度遊びに来て下さい

と元気そうな嬉しいお便りが届いた。

それから、更に数年を経た。彼から、

　先生、僕、今度結婚することになりました。素敵なお嫁さんですよ。僕よりも頭が良くて気も優しいし、僕は今幸せ一杯です。やっと親孝行ができるかなと思ったりしています。それもこれも、先生に出会えたからだと今も心から感謝しています。先生も長生きして幸せに暮らして下さい

その後も毎年のように、年賀状で近況報告を互いにやりとりしてきたのであった。

結婚した後の年始の手紙（原文ママ）では

　明けましておめでとう御座います

先生御元気ですか私くし西澤も元気で毎日仕事にはげんで居ります
その節は大変御世話になりました
前東京にいった時先生に合って色々と話おしたいと思いましたが先生も仕事が忙しく又私しも忙しい身体の為帰って来ました私しも半人前ながらやっと12月1日妻お向える事が出来ましたこれも先生父母達の協力があればこそと思いかんしゃして居る下いです
先生僕くは妻おもらったがどうしてももう一回やりたい仕事があるんです
先生力おかして下さいやりた仕事とは船にのる事です
船員手帳　船員番号苫小牧第２０２番
前いた会社船にのる時と会社で約束したのとちがったのでやめだしだいです
前いた会社は神戸市生田区海岸通一―五
新光汽船第二双葉丸の司厨員です
こんど船に上船出来るのなら甲坂員として先生どこかお世話してくれませんか
給料は一ヶ月八万―十三万まで
先生お願いします勝手ながら私の希望としては千葉県―静岡県ぐらいの所で魚船でも給料が良ければいいです
先生の顔の広い所で頼みます
清水直先生

しかし、その後、妻君からの手紙

西澤　弘（仮名）

前略

ごめん下さいませ。新年早々に年賀いただきながらに御無礼致しました事、お詫び致します。連絡が大変遅れまして申し訳ございません

実は、私の主人（故・弘）が五十三年三月三十一日に心臓病で他界致しましたの本家西澤家の方から知らせが行っているものと思っていましたので、長い事、失礼致しました。色々、いきさつが有りまして、お知らせが、おくれました事、お許し下さいませ。

今年も私が十二月三十一日からこの三月二十六日まで入院していたために連絡がおくれました事をどうぞ、お許し下さいませ。

西澤良子（仮名）

国選弁護人と被告人の、職業を離れての心の交流であった。

第十五節　私と倒産事件

先にも述べたが、清水直弁護士と言えば、「ああ、あの倒産事件処理で著名な弁護士」と言われる程、私は企業再生もしくは清算事件の専門弁護士のように世間では言われているようである。事実、他の弁護士と比較されれば、扱う事件と言い、事件の様相と言い、圧倒的に倒産事件に関係している案件が多い。

弁護士になりたての頃は、借地・借家事件が多く、次いで交通事故の事件が多かった時代もあったが、私はふとしたきっかけから、企業倒産事件を手懸けることとなり、この種の事件が、他の一般的民事事件と異なる特殊な厚みや、倒産事件特有の複雑性、人間味などの現象に興味を感じ、次第次第に私の扱う事件の中で倒産事件が飛躍的に増えていった。

私の扱った企業倒産事件の主たるものは、第十一節・第十二節に紹介してある通りである。

一、倒産事件今昔

企業再生にかかわる法律として、会社更生法も民事再生法も破産法・和議法に比べれば時代的には、はるかに遅く、私が弁護士になりたての頃は、企業の再生を手懸けるという例は少なく、これを手懸ける弁護士も極く少数であった。私の記憶では、大先輩の上野久徳弁護士が加山雄三氏の経営していた、「パシフィック・パーク・ジャパン」と云う会社の再建をされたのが、ある意味では、企業再生の草分け的事件であったのではなかろうか。その後、山陽特殊製鋼の会社更生手続事件があり、「会社更生法」と云う法律なり、会社更生事件そのものが一躍、脚光を浴びる結果となり、いわば、この頃から、ようやくにして、企業再生手続と云うものに世間の耳目が集まるという傾向になって来たと言えよう。

企業再生に関連しては、古くは商法上の整理手続きや、和議法による企業再生の例はあったが、左程効果的に活用されたとは言い難く、いわば、法の規定もその運用の実務も経済界の要望に充分に対応できずにいたと言えよう。

しかして、今日では会社更生法も幾度か改正され、時代の要請に応えられるようになり、民事再生法の新たな出現により、企業の再生に右二法は充分に貢献している。また、法的手段がこのように進化することによって、私的再建手続もより実行しやすくなった、との感を禁じ得ない。

私の扱う企業再生手続も、圧倒的に私的再建手続が主流を占めるようになり、法的手続による企業再生を行う例は激減した。

尤も、私的再建手続だからと言って、何の規制もなく、自由奔放な再建手続が行えると云うものでもなく、法的再建手続の精神や過去の取り扱い事例が鏡となって、私的再建手続を見守っていると言えるのではなかろうか。

二、倒産事件の特徴

裁判所で扱う一般の民事事件である借地・借家・貸金・売掛金回収等々の事件に比べると、倒産事件には格別の意味の特徴がある。

これを項目的に挙げれば、

①人くさい

倒産企業に何らかでも関係ある人が夫々の立場で、それなりに困惑している。株主・役員・従業員・下請け業者・取引先・取引銀行・監督官庁・等々皆夫々の立場で、「さて、どうしたものか？」と困惑している。

企業を再生すると云うことは、「金儲け」の手伝いをするのではなく、企業再生を推し進める中で、当該企業に関係ある人々（自然人）の幸せも追及していくところに、これに携わる弁護士の生き甲斐があり、また担当弁護士が、当該企業の再建を通じて、弁護士業の使命とされる「正義の実現」と「基本的人権の尊重」をどのように実現していくかであり、そこにこそ、企業再生を弁護士が行う意義がある。

で、あるが故に企業再生の基本的理念とは何ぞやと問われれば、将に「ヒューマニズム」そのものであると言えよう。

②ダイナミックである

企業再生は倒産に直面している企業と相対峙するのであるから、時間との関係が重要である。一刻を争う緊急事態に迅速に対応することが大切である。企業は「ヒト」、「モノ」、「カネ」がからみあっているだけに、これをどのように工夫して一時たりとも停止することなく、有効に動かすかが大切である。

さる建設業の会社更生手続による保全管理人に選任された直後のことである。就任後、一週間程したとある日、下請企業の親方が困った顔をして相談に来た。聞けば、「実は、保全命令で、売掛金が棚上げになったため、従業員の七月分の給料が払えない。このままで行くと、盆休みに帰省した左官職の職人が、上京しないで、他に職を探すようになり、『あなたの会社の下請け左官業はできない』ということになるかもしれない、どうしたものでしょう？」との事…

私は、即座に回答した。「私が保全管理人に就任して、早や一週間たっている。その間も左官の仕事を続けていられたのであるから、先ずは、この一週間分の給料をすぐ、現金でとりあえず前払いするから、これで左官の職人を繋ぎ止めておいてくれ」

当然のことながら下請けの親方は喜び勇んで帰宅し、左官職の者達に話し、事なきを得た。

弁済禁止保全命令で棚上げとなっている更生債権について、裁判所の許可を得て弁済することは可能ではあるが、これとても申請から許可決定、支払いと云う手段を踏んでいては左官の職人たちのつなぎ止めには間に合わない。そこで、咄嗟の判断で、前記のような救済措置を講じることができたのであるが、とりもなおさず、咄嗟の臨機応変の対応ができなければ、事態は取り返しのつかない状態になっていたのではなかろうか。保全管理人とか管財人の職にある者は、常に事業継続上の必要な措置を迅速にとると云うことが大切である。

そこが、通常の法廷事件とは異なる企業再生事件のダイナミックにして生きている姿なのではなかろうか。

③事件解決の方法はクリエイティヴでなければならない

企業再生事件は、業種が同じであっても、事件そのものは多種多様であるから、十年一日の如く、従来と同じ手法で解決することはできない。

当該案件ごとに、関係あるすべての人々の声をつぶさに聞き届けて、関係者全員が最大公約数的であっても、それなりに満足する解決策を考案していくことが大切である。

それは、総花的であってもいけないし、一部の者だけが満足するものであってもいけない。

常に前向きに、そして創造的に解決策を講じていくことが大切である。

平成９年　オーストラリア・パースにて。ニュータウンに続く橋の開通式

昭和60年　再建後の某幼稚園の20周年記念

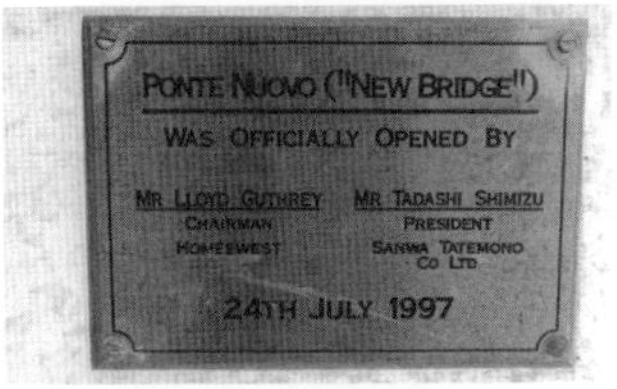

橋の入り口の記念プレートには名前が刻まれている

平成12年　浜野ゴルフクラブ再建を考える会員集会にて。熱心に聞き入る参加者

三、企業再生の基本理念

企業再生の究極目的が何であるかを考えた時、その哲学は、企業を再生することにより、当該企業に関係ある「すべての人を救う」と云うところに意義があるのではないか。

いわば、「ヒューマニズム」こそが企業再生の基本理念であって、企業再生によって、利益を挙げ、あるいは当該企業が一部上場の別途積立利益が巨額にあると云うことを目的としているのではなく、利益追及も、結局は、関係ある人々（自然人）をどのように救うかである。いわんや、企業再生もしくは利益追求のために賃金抑制、ボーナスなし、過酷な労働環境、長時間労働、休日返上等々が従業員に強いられるようであっては、将に本末転倒そのものである。

企業再生が所定の目的を果したとき、関係者全員が「色々苦労はあったけど、良かったなあ」と喜び合えるようでなければならない。

私の手懸けたさる再生事件では、所定の目的を果し、企業が立派に立ち直った年、全社員を二班に別けて、一週間のハワイ旅行を挙行し、前半組と後半組が入れ替わる際に、全社員が東京のホテルに集まり、事務引継ぎをした後、華やかに、楽しく、合同パーティをしたことがある。云うなれば、会社の運営にも、時に「ロマン」と云うものが必要と云うことである。

四、企業再生を手掛けて早や六十一年

昭和三十七年（一九六二年）七月、弁護士になってまだ三カ月もたたない頃、友人の師匠のお手伝いとして深川の材木商の再建をさせていただいたのが、私の企業再生事件との出逢いであった。事件の、人間くささ、厚み、に少なからず驚き、交通事故や借地、借家、相続、離婚等々のいわゆる一般の民事事件とは格段の違いがあり、私のライフワークとなるきかっけになった。

昨年十一月、満八十八才（米寿）を迎え、弁護士業も満六十年を過ぎ、今日、手懸けた様々な企業再生事件が走馬灯のように私の脳裏を通り過ぎていくのを覚え、行く先々で良き先輩、同僚、後輩に助けられ、また、様々な業界の人々に支えられ、あるいは教えられて今日の私があるのだと云うことをしみじみと感ずる昨今である。

第十六節　番外編

一、「行政研究会」と「ニコライ倶楽部」

①入会したいきさつ

先にも触れたように、私は大学三年生の時に「行政研究会」（略称「行研」）に入会し、その会の活動に積極的に参加することによりマス・プロ大学の、ある意味では無味乾燥な授業に欠けているものを補うには充分な成果を得ることができた。

元々、私自身、法律よりも政治、行政の方に興味を抱いていたのでこの研究会に入会したことは私のその後の人生に寄与するところ大であった。

この研究室は元々、会室の無い二つの研究団体が合併することを条件に大学から会室を与えられたと云う経緯があり、したがって、一年先輩の第一期生はどちらかと云うと二つの派閥があるような雰囲気があった。

一つは「法律研究会」であり、もう一つは「行政研究会」であった。前者はどちらかと云うと「真法会」「正法会」等々の既存の司法試験研究団体的で、後者は一般の学生クラブ的であった。

それにしても二つの研究団体が合併することにより、立派な会室を与えられたことは、ありがたいことで、大学のお茶の水校舎内の第二図書館のすぐそばの静かな研究室を、二人で一つの机を共用する形式で会室の利用ができた。私自身は、アルバイトに忙しく、会室を利用して勉強すると云うことは殆ど無かったが、答案練習会やゼミ、合宿には万障繰り合わせて参加し、教授・先輩・同輩・後輩との切磋琢磨によりかなりの成果を得ることができた。それは、国家公務員試験（中級職・上級職）合格、司法試験合格、大学優等総代生としての卒業、等々に寄与するところ大であった、と言えよう。

大学卒業後も、足繁く研究室を訪問し、ゼミ・練習会、合宿を通じて後輩の育成に、いささかたりとも貢献することができ、後年、国家行政庁や地方自治体で、次官や副知事として活躍している後輩を目の当たりにし、感慨深いものがある今日この頃である。

②後輩・柏原晃一君のこと

一年後輩の柏原晃一君は、長野県出身の真面目そのものの学生であったが、私の指導によくついて来てくれて、在学中に警察三級職（今般の上級職）の試験を受験した。当時のこの試験は国家試験の中でも難関中の難関で、合格者の数も少なく東大生の合格率が抜群で、中央大学生の合格者は無きに等しい状況であった。

この試験に柏原君は挑戦し、見事、筆記試験に合格したにもかかわらず、何故か、面接試験で不合格となった。

面接で、失敗するような人物では無いだけに柏原君本人の落胆もさりながら、勉強を手伝った私としては納得が行かず、「おかしいではないか?」の念が強く、試験そのものに疑問を抱かざるを得ない程の想いであった。

ところが、ふと思い当たったのが、柏原君の当時住んでいた処が、九段の千代田区代官町にある「学生会館」で、ここは何と!!革新系学生の巣窟であったのである。

私は、柏原君本人は「アカ」でも「革新系学生」でも無いのに警察は、柏原君の住んでいるところから推測して、「これはアカではないか?」と疑ったのではないかと思い当たり、私は「これはけしからん!!」と腹立たしく思ったが、この点について争うと云うことは得策ではないと見て、私は柏原君に次のような激励文を送った。

柏原君への激励の手紙

前略

返事がおくれて恐縮です。何やかやと忙しく、仲々落ち着いて勉強できないのが私の昨今です。午後二時半頃から夜中の十二時まで子供達の指導やら、テストの作成採点、文集の作成等に追われっぱなしなのです。私の方は去る十月十日最終合格者の発表があり、幸か不幸か合格しておりました。今年は、例年になく口述試験が厳しく八十名落ち、最終合格者は三百十九名で、例年より三十名ばかり減っていました。

十一月十三日に合格証書を下さるとかで十一月には研修する土地も決まることと思われます。

行研のゼミの方も、十月二十四日(土)午後一時より始める予定です。「不法行為について」やる予定です。

ところで、貴君の警察三級職は実に残念でしたね。いや、腹立たしい気がします。何故なら、君程の実力のある者が試験の成績で落ちていよう筈はなく、恐らく、身元調査か何か、他の別な、言うなれば不純な、不合理な理由で、不合格となっていると思われるからです。

君の過去がどうであろうと、そして又、家柄がどうであろうとそれで差別することは憲法第十四条にも反するところの実に卑劣なやり方であると思います。

いや、警察と云う所は、概してそんな所です。毛並みのよい、そして、秀才コースを歩んで来たような者をとりたがる所のようです。もう警察三級職なんかあっさりとあきらめなさい。人格の為に斗えるところはやっぱり在野法曹です。君位の実力があれば、来年は間違いなく、合格できると思われるから、これから八カ月存分に頑張って司法試験を攻略しなさい。僕もできるだけの援助を惜しまない。

君一人でも答案を見て欲しいと言えばやってあげるし、討論したかったらおいでなさい。とにかく司法試験を受験されることをお勧めします。この試験は公正です。今年、試験がもれたとの風評もありましたが、私はあれは単なる風評でしかないと思っています。そして、不正に合格した者は、恐らく、あの口述で落とされている筈ですから。

お手紙によれば、相当ショックを受けていらっしゃる様子。それにこれからの生活のことなどで大分考えているようですが、一度、おいでなさい。今度は一人でおいでなさい。但し、おいでになる前に日時が決まったら、一応、左記へ電話してみて下さい。

（七八）八二九六（八百喜呼出）
まあ、元気を出して、次の対策を講ずることです。
では又、お会いした時、おいでをお待ちしております。
十月十九日
清水　直
柏原晃一君

幸い、東京都庁職員の試験にも合格していたので、とりあえずは、都庁に就職し、都職員として勤務しながら、司法試験を目指すことになった。このあたりのくだりは柏原君自身が当時の「受験新報」に心情を切々としたためている。昼間は新入りの都庁職員としての激務をこなしながらの受験勉強なのでさぞかし心身共に重荷を背負いながらの日々を過ごしたのであろうことは想像に難くない。

かくて、柏原君は、司法試験に合格することができ、私より四年後輩になるが、第十八期司法修習生となり、二年後には立派な弁護士になることができ、私としても、目をかけ、激励し、指導して来た先輩として喜ばしい限りであった。

後年、柏原君が杉並に自宅を新築したとのことで、その披露かたがた、私を招待してくれてこの新居で夕食を共にすることになった。宴たけなわの途中で、柏原君が「実は、先輩、わが家の家宝をお見せしたい」と云うので、何かと思っていたら、私が柏原君に差し出した前述の手紙であった。

柏原君は「清水先生のこのお手紙のお蔭で弁護士としての私、そして私の家族の今日の幸せがあるのです」と言って前述の私の手紙を感慨深げに披露してくれたのであった。

かくて弁護士となってからは、私の担う倒産事件の手伝いを数多く、手際よくやってくれて私としてもこの後輩をこうして育ててよかったと思うことしばしばであった。

後年、平成二十七年一月二十七日に東京ステーションホテル・陽光の間で開催された柏原君の「傘寿の祝宴」での彼の挨拶の中でも、前述の激励文を引用して、「このお手紙無くして今日の私はありません」との趣旨の御礼の言葉を述べてくれた。

なのに、何と、令和三年九月八日には、八十五歳で先輩の私を差し置いて先に彼の地へと旅立ってしまった。何とも、残念でならず、これまでの彼の数々の想い出が走馬灯のように私の脳裏を過ぎ往き、人生の儚さを身に染みて感ずるのであった。

③後輩との交流

行研の後輩に対するゼミ等の指導はお茶の水校舎から後楽園校舎、八王

中央大学行政研究会　夏合宿

平成８年　中央大学行政研究会40周年記念

子キャンパスと続き、合宿には毎年一泊二日参加し、その際は若者の好みそうな菓子や酒のつまみ、更に日本酒、洋酒等を購入して差し入れし、一晩、皆と楽しく談論風発する等して先輩、後輩の交流の実を挙げた。

また、ＯＢの集まりも必要だと気附き、行研のＯＢ会（仮称）を立ち上げ、第一回を有楽町の交通会館の食堂で行った。これは大変、好評を博し、会を重ねるうち、会の名称を「ニコライ倶楽部」とすることが決まり、後輩諸君に運営も受け継がれ、今もって行政研究会をバックアップし、会員相互の親睦を深め、有意義に活動している。

令和四年八月には伊豆の伊東温泉での合宿が計画されていたのであるが、コロナ騒ぎのため、これを変更して八王子キャンパスまたは各人の自宅等とオンラインで結び、私が二時間講演をやることになった。題して「たくましく美しく生きる」で大学生の時代こそ特に青春を謳歌すべきだ、また、それは将に若者にしか味わうことのできない人生の有意義な時間であると、とうとうとしゃべらせていただいた。私も久し振りに若返ったようなひと時を過ごすことができ、本当に楽しかった。

二、父母の郷里で心に残ること

①父の借金を返す

母は若くしてあの世に行ってしまったので、期せずして、私の主催で、母の五十回忌の法要を母の郷里・広島県安芸郡下蒲刈島村三之瀬の菩提寺・弘願寺にて執り行うことになった。何十年ぶりに島を訪れ、なつかしい島在住の親戚や友人・知人と談笑することができ、それはそれで楽しかった。お経を上げた後、集まった人々と会食をしている時、金沢の伯母（みずの）が私を呼び止め、宴席の陰で「直、わりゃあ（お前）立派になって良かったのう。ミドリさん（亡母）もさぞかし、喜んどるじゃろうよ。それはそうとして、直に相談があるんじゃがのう?この様な席で我《われ》（お前）に言うのも、なんじゃがのう。実は、繁一（私の父）が島を出る時に借金を残して行ったんじゃ。農協から借りたのは十万円なんじゃが、これについて、清水の本家と下島と大地蔵（三之瀬の両隣の村）の村長の三人が連帯保証しちょったんで、結局、この三人が繁一に代わってこの借金を農協に返したのよ。本家の伝一ちゃんは、『繁一には羽振りの良かった頃に、何やかやと皆夫々充分に世話になっちょるけに、後々、とやかく言うなよ』と言って、伝一ちゃんは、はあ、亡くなられたんじゃが…、今日こうして、我《われ》が（お前が）今、羽振りが良くなったんじゃったら、このままにしとかんで、何とかせんかいや?」と言われた。父は昭和二十五年暮に島にあったすべての財産を売り払って島を後にし、神戸に出て行ったのであるが、父の未返済の借金のあることを聞かされ、私はびっくりすると共に、「このまま放置してはいけない」と即座に判断し、私は金沢の伯母に「伯母さん、よく教えてくれた。丁度、手持金があるから、今日この席で、元金に五割の利息をつけて一人五万円ずつ返そう」と返事したら、伯母は、殊の外嬉しそうな顔をして、「ほうか、それはええことじゃ。本家の誠（跡取り息子）を呼んで、すぐ話そう」と云うことになり、宴席の陰に伯母が誠さんを呼び、借金返済の提案をしたところ、誠さんは、びっくりした面持ちながら、嬉しげに

「わかった!!じゃあ、わしがこれから下島と大地蔵にも一っ走り行って、借金を返してくるわい」と言って、宴席から、とりあえず、抜け出して、両隣の保証人の処へ、バイクで行き、金五万円の現金を届けに行ってくれた。

暫くして帰ってきた誠さんは「二人共、返してもらえるとは思ってなかったんようのう。良かった、良かった、と喜んでいたで…」と怪気炎の上、「よっし、今日は、呉で、夜業の仕事が入っちょったんじゃが、もう止めた!!夜通し呑もうで、呑み直しじゃ、呑み直しじゃあ…」上機嫌で呑み始め、宴席をいやが上にも盛り上げてくれた。

金沢の伯母が教えてくれなかったら知らなかったことだけに、私も嬉しかった。

今もって「金沢の伯母さん、よくぞ、教えてくれて、ありがとう!!」と申し上げたい気持ちで一杯だ。

②二宮尊徳先生の銅像の寄付

三之瀬小学校の校門を入るとすぐ脇に、二宮尊徳先生の薪を

昭和60年3月　故郷広島県三之瀬小学校に寄贈した二宮金次郎像

記念碑には男兄弟4人の名が刻まれている

背負って本を読んでいる銅像があった。これは、父が羽振りが良かった日本郵船時代に村に寄贈したものであるが、太平洋戦争中に爆弾に使用するため、軍に供出させられ、村の人がリヤカーに銅像を載せて引っ張って行く写真を見たことがある。そして、替りに銅像は瀬戸物で造られたもので代用されていたが、戦時中の粗末な焼き物であったため、年月の経るうちに、鼻の部分が欠けたり、手の一部が欠けるしてみすぼらしい銅像となっていた。これも村の人から漏れ聞いて、私は、新しい銅像を寄贈することを思い立ち、費用は私一人で負担したのであるが、新しい銅像の裏面には、男兄弟四人、清水克己、清水直、清水敬、清水建夫の名前を記してもらった。今もって、故郷の三之瀬小学校の校庭には、その銅像があるのではなかろうか。

三、小・中学校のＰＴＡ会長

六人の子供達が地元・品川区大井町の区立・大井第一小学校・伊藤中学校に通学しているうちに、吾が家の家庭医とも言える安澤龍徳医師からのお声がかりで、ＰＴＡ会長をさせていただくことになった。

手始めは、伊藤中学校で、三年間やり、次いで、大井第一小学校でも、三年間やり、最後に再び伊藤中学校で二年間やったので合計八年間もＰＴＡ会長をやる結果となった。

しかしながら、余り長くＰＴＡ会長をしていると、これを足掛かりにして、区議会議員とか都議会議員でも進出しようとしているのではないか（？）等と疑われかねないと感じ、八年目ですっぱりと退任し、後任者にバトンタッチさせてもらった。

ＰＴＡ会長の八年間では、色々なことを経験し、学ばせて頂いた。

①中学校

中学校では、当時、世間一般で「荒れる学校」と言われる程、生徒達が好き勝手に授業をサボったり、教室で吾が物顔で遊ぶ等と云うことが平然と行われていて、学校側も「触らぬ神に祟りなし」との態度で、見て見ぬふりをしていると言った状況であった。

私は、これは放置できない、と思い立ち上がり、学校側・父兄側・地元警察署等々と頻繁に会合を開き、情報交換をしながら、学校を学び舎としての本来の姿に戻すべく種々尽力した。

父兄四・五人一組で分担を組んで、放課後から夕刻にかけての時間に、生徒たちがたむろしそうな処へ立ち寄り、そこにいる生徒達に、それとなく声をかけて廻るなどして、生徒達が非行に走ることのなきようにつとめた。一時は、学校の理科の実験室等にたむろしたり、校舎から屋外に物を投げつける等、荒れる学校そのものの状況にあった。

父兄の集まりで、子供達の日常行動の状況や「いじめ」等について、話し合い、一人ではなく、ＰＴＡ全体で学校の平穏をいかにして取戻し、正常化するかを話し合っていった。その甲斐あって急速に、学校は本来の姿に戻り、「学び舎」としての本来の雰囲気を取り戻していった。

ＰＴＡ総会のある時には、「暴力行為、いじめ等々については、直ちに、ご連絡下さい。必要に応じて、大井警察署にお世話にならざるを得ないような事態も無いとは言えませんが、そのような時、ＰＴＡとしても毅然たる態度で対処して参りますし、すでに大井警察署少年課とも事前に連絡をとってございますので、皆さんよろしく御協力の程お願いします」と挨拶した。

これは、かなり効き目があったと見え、学内外での生徒達のいかがわしい行動は急速に治まり、学校は平穏になった。

後日、大井警察署・少年課の課長さんが「伊藤中学はまさに必要な時に、勇断をもって対処できる適任のＰＴＡ会長が就任されて本当に良かった‼」と述懐され、恐縮した。

ＰＴＡ活動に父親が参加することは少なく、これはやはり片手落ちで、父親にも積極的にＰＴＡ活動に参加していただく必要があることは論を俟たないところであるが、日本の今日の現状では、ＰＴＡ活動に父親の参加を期待してもそれは無理と云う世論である。

父親の子に対する対処の仕方に「成程、と思われる」一文を伊藤中の「ふれあい」と云う小冊子（昭和五十九年三月発刊）に掲載したのでここでご紹介してこの一文の一区切りとさせて頂きたい。

「すてきなお父さん」

みえ子と孝三は今日は朝から、いや昨日の晩から浮き浮きしていた。

村の鎮守様が今年は鎮座二百年ということで、今日のお祭りは例年になく賑やかで盛大だと聞かされており、村中が老いも若きも沸き立っているからだ。

朝ご飯もそこそこに二人は早く神社に行き、いろいろなお店をのぞいてみたり、おかぐらも見たいと浮足立っていた。

早くお父さんはおこづかいをくれないかなと思うのだが、お父さんは朝から村の顔役衆と何やら声高で昔をなつかしむような話をしながら酒をくみかわしているので、二人は仲々「お父さん、早くおこづかい」とも言えないでモジモジしていた。

来客の中でもよく気のつく叔父の太一郎が二人の様子を見て察しがついたと見え、「兄さん、子供達は早く祭に行ってみたいようだぜ」とそれとなく誘いをかけてくれたので二人はようやく父からおこづかいを手にすることができた。

「お参りしてから遊ぶんだぞ」という父の言葉を背に聞きながら、みえ子が二人分のおこづかいをしっかり握り、二人は「行って参ります」と走りながら言って家を出た。

神社についてみると、のぼりが立ち、土産物屋が軒を並べ黒山のような人だかりであった。

二人は父の言いつけに従って先ずお参りをしようと拝殿の方に向かったが、境内の中も参詣する人で一杯で進むことすら間々ならなかった。やっとの思いで人に押されながらおさい銭箱の前まで進んで来たとき、みえ子はハタと困ってしまった。

おさい銭の小銭を持ってくるのを忘れたのである。

見れば、今日のおさい銭箱は真新しい木で一まわり大きいのが用意され、更に両脇には真っ白のシーツも張られていて、そこに後から次々と十円玉、百円玉、五百円玉、千円札が投げ込まれていく。

　姉のみえ子がおさい銭箱の前でモジモジしているのを見て、弟の孝三は何もわからずに「お姉ちゃん早く拝んでいこうよ」と催促した。

「うん」みえ子は何やら思い切ったように答えると、ふところから、先刻父からもらったばかりの千円札をポイとおさい銭箱にほうり投げた。

　孝三はあっけにとられて姉の顔を見上げたが、姉が黙って手を合わせていたので、孝三も急いで手を合わせた。

　参拝もすみ、人ごみの中から抜け出したとき、孝三は心配げに姉の顔を下からのぞき込みながら「お姉ちゃん?」と言ったら、姉は「孝三、帰ろう」と言って弟の手を強く引っ張った。孝三も何だかわかった気がして、それ以上は二人は何も言わずに黙りこくって家路についた。

　帰る道すがら、二人の思いは同じであった。折角、父からもらったおこづかいをおさい銭箱の中に全部投げ込んでしまったこととの後悔よりも父から「馬鹿!!」と目の玉が飛び出るような大きな声で叱られるであろうことがこわかった。

　二人がしょげて余りにも早く帰って来たので母が「おや、どうしたんだね」とたずねたが二人は黙りこくっていた。

　酒の少しまわった父も、二人を目ざとく見つけて「何だもう帰って来たのか。何かいいものでも見つかったか」と言ったが、二人はやっぱり黙っているので、父は「どうかしたのか、黙っていたんではわからんぞ、話してごらん」と思ったより優しい声で言ってくれた。

孝三が姉にかわってポツリポツリと一部始終を話した。話している途中も二人はいつ父から「この大馬鹿者め‼」と大きなカミナリが落ちるかとビクビクしていた。

父は怒らなかった。

「そうか。お前たちは良いことをして来たな。それはお前達がまちがって大きなお金を投げたんじゃない。きっと、今日は神様も、大きなお祭りでいつもよりたんとお銭《アシ》が入りようだったんだろうよ」父はそう言って「さあ、もう一度行って来な」と二人にまた、千円札をくれた。

二人は顔を見合わせ、千円札を握りしめて再び家を出た。祭の方へ走りながら、二人の思いは同じだった。

「神様だってお銭《アシ》の入り要な時があるんだ」

父のこの救いの言葉を二人はしっかりとかみしめ、父の愛を痛いほど感じ、「うちのお父さんは世界一、すてきなお父さんだ」と思った。（おわり）

（この話はさる長老の方から聞いた話を脚色しました。）

②小学校

次いで、大井第一小学校のＰＴＡ会長を三年間つとめた。

ＰＴＡの役員を務めるには、それだけの時間的ゆとりが無ければ成し得ない。そのため、ＰＴＡ

の会長・副会長・実行委員には専業主婦の方にやっていただかざるを得ない、と云う世相が一般的であった。と云うことは、ＰＴＡの会議（実行委員会）のメンバーの殆どが女性で、男性は一人とか二人しか居ず、そのような人的構成の会議で、会長職にある男性が早々と自分の意見を述べて会議を強くリードしていくのは考えもので、このあたりの呼吸をいかにうまく、民主的に運んでいくかが、会長職にある男性の力量として要求されている。

幸い、私はファッション学校として有名な新宿の文化服装学院の監事を経験していたので、ここの会議で、女性集団の会議での男性の対処の仕方を、当時の学院長であられた私の尊敬してやまない大沼淳氏（今は故人）から何かとお教えいただいていた。大沼氏は自分の意見を会議の始まりに早々と陳述するようなことはせず、各人が、会議のテーマについて意見を夫々開陳する中で、やんわりと諸般の舵取りをし、知らず知らずのうちに予定の結論へと導いていくところは絶妙であった。これに倣って、ＰＴＡの実行委員会でも、会長である私の意見を早々と先に述べる等と云うことはせず、出席者が夫々に自由に発言しつつ、それでいて、横道にそれないように、時折、「こうなんではないですか?」「このようにした方が良さそうですね」「皆さんのご意見をうかがっていると、○○と云う結論になりそうですね」等とやんわりと会長としての意見を述べ、会長の考えではなく、「実行委員の皆さんの考えを集約するとこの辺りのところに落ち着くようですね」と言ってまとめていくように心懸けた。

将に、女性集団の中の数少ない男性の長としての会議の進め方の妙味と言えよう。

そのような次第で私にとってPTA会長職は良い人生経験となった。
大井第一小学校の校歌は、伝統ある学校にふさわしく、著名な北條誠氏作詞・服部正氏の作曲によるものであった。

〈大井第一小学校校歌〉

一、陽がのぼる　陽がのぼる
希望の丘に　陽がのぼる
むらさきにおう　武蔵野の
南大井の　鹿島の町に
ああ　われらの　大井第一

二、とどろくよ　とどろくよ
東京湾の　波の音
はてははるばる　太平洋
海の子ぼくら　血もわきおどる
ああ　ぼくらの　大井第一

三、かがやくよ　かがやくよ
遠くに仰ぐ　富士の山
千古不滅の　白雪の
清き姿は　私の心
ああ　わたしの　大井第一

四、わきおこる　わきおこる
希望の歌が　わきおこる
くめどつきせぬ　師の教え
知識の泉　みなぎる力
ああ　われらの　大井第一

五、誇らかに　誇らかに
語り継ごうよ　この歴史
一四七年　歳ごとに
人は変われど　変わらぬ光
ああ　たたえよ　大井第一

大井第一小学校は長い伝統のある学校で、平成四年三月二十四日に行われた大井第一第百十六回卒業式で、私はＰＴＡ会長として次のような祝辞を述べた。

卒業生の皆さん、卒業おめでとう。

今日のこの日を皆さんはもちろんのことですが、先生や学校の職員の皆さん、お父さんお母さんもどんなにか喜んでいらっしゃることでしょう。

何事も一つのことを最後までやり通すということは生易しいものではありません。

途中であきらめる人は何一つとして完成させたことの喜びを味わうことができません。

皆さんは生まれてこの方で、今日初めて、小学校を六年間通い続けて卒業したという大変大きな事をやり遂げたのです。

それは、胸を張って威張っていい程、立派なことです。

さて、皆さんは、この四月からはもう中学生です。中学生になると、英語の勉強が入ってきますし、学科ごとに先生も変わるなど、目新しく、それに第一、習うことがより高度になります。

しかし、どんなに高度な知識を身に着けたとしても、心の淋しい人、心の貧しい人、心の汚れている人は、やがて自分の身を滅ぼすに至ることは歴史が証明しています。

大井第一小学校の教育目標の中に「考える子」「健康な子」と今一つ「思いやりのある子」という目標がありましたね。

つまり、みんなに、思いやりのある人に成長してもらいたいと願っているのです。

昔、越後の国、今の新潟県に良寛さんという偉いお坊さんのいたことは、皆さんもよく知っていると思います。

この良寛さんについては、数々のユーモアにとんだエピソードがありますが、それらはどれも私達に多くのことを教えてくれます。

良寛さんの底抜けの思いやりについてこんなお話しがあります。

ある月の美しい秋の夜のことでした。

良寛さんの粗末な住居に一人の泥棒がしのびこみました。

良寛さんのことですから、戸締りもカギも何もしていないので、泥ちゃんは楽々と入れたのです。

ところが、入っては見たものの、泥ちゃんもハタと困りました。

まわりを見回しても何一つ盗んでいけそうな金目の物が見当たらないのです。

泥ちゃんもあきれかえって、がっかりしてぼんやりとあたりを眺めていました。

一方、良寛さんは、もうさいぜんから目をさましていて、泥ちゃんが入って来たのを知っていたのですが、気の毒にわたしのあばら家に泥棒しようと入って来るくらいなら、この泥ちゃんよくよく困っている人にちがいない、と同情し、せめて泥ちゃんをびっくりさせないように、ふとんをかぶって寝たふりをしていたのでした。

何も盗ってゆく物がなくて、しばらくポカンとしていた泥ちゃんは、やがて良寛さんの寝姿に気がつき、ぐっすり眠っているものと思い、せめてそのかぶっているふとんをいただいてゆこうと思いました。

そして、下の方から手を伸ばして、スルスルと引っ張りました。それでも良寛さんは平気で眠ったふりをしていました。

泥ちゃんはしめたと思いながら、そのふとんを小さくたたんで、小脇にかかえて出て行きました。

「やれやれ、あんなきたないふとんでも役に立ったと見える」

良寛さんはホッとして、泥ちゃんの後姿を見送りましたが、たった一つしかないふとんをもってゆかれては、やっぱり寒くてたまりません。

せめていろりに火でもおこしてあたたまろうかとなにげなく窓を見上げれば、一点の雲もない空にかかる美しい明けの月が見えました。

思わず見とれていた良寛さんは、

「あゝ、ありがたいことじゃ、ありがたいことじゃ」と一人言を言いながら、筆をとって一句

すらすらと書き留めました。それは
「ぬす人に　とり残されし　窓の月」
という句でした。
どんな泥棒さんでも、この美しい窓の月だけは盗んではゆけなかった。あゝありがたいことである…という意味です。

皆さん、この良寛さんのような広やかな心、底抜けの思いやりのある心、ゆとりのある心、自然をめでる心の持ち主になりたいですね。


泥棒が入ったと言って、すぐ騒いだり、こわがったり、怒ったり、悲しんだりせず、泥棒を憎まず、愛情を持って見つめることができるということは素晴らしいことです。

良寛さんは、暮らしは貧しくても、心の世界が豊かだったのです。

皆さん、中学の三年・高校の三年は、今までの六年と比べものにならない程多くの知識を学校で学ぶことと思います。

しかし、数学や英語・理科の勉強だけでなく、心豊かな人、思いやりのある人となれるよう努力してください。

人間は一人では弱い存在です。みんなで助け合ってこそ生きていけるのです。

思いやりのある人のまわりには、また、思いやりのある人が自然に集まってくれます。

卒業生の皆さん、どうか、この良寛さんのような思いやりのある心豊かな温かい心の持ち主に成長してください。

大変、長くなってしまいました。

最後になりましたが、今日のこの日まで六年間、暑きにつけ、寒きにつけ、子供達を慈しみ、お導き下さいました大井第一小学校の先生方、職員の皆様方、地域の皆様、ご来賓の皆様方、ありがとうございました。

また、十二年間手塩にかけてお育てになったお父様・お母様方、ご苦労様でした。

心からお祝とねぎらいの言葉を申し上げ、私の祝辞とさせていただきます。

卒業生の皆さん。おめでとう

―おわり―

このように、ＰＴＡ会長として、入学式・卒業式、御挨拶をする機会は多いが、ある年の運動会の始まりでの挨拶では、
大井第一小学校生徒の皆さん、お早う!!今日は、ご覧の通り、雲一つない秋晴れです。今日一日、思う存分、走って、跳んで、踊って、皆でかの有名なカール・ルイスになろう!!終わり!!

と挨拶した。

その日の夕食時、子供達のこの挨拶についての批評が面白かった。曰く「お父さん、今日の挨拶は素晴らしかった!!」「そうかい。どこが良かった?」と尋ねたら「うん、短いのが良かったよ」と言われ、ギャフン…。

大井第一小学校ＰＴＡ会長。運動会挨拶

あとがき

本書で言わば、私の八十八歳の「生き様」を恥ずかしながら、書き著わさせていただいたのであるが、太平洋戦争をはさんでの昭和の激動の時代をよくぞ生き抜いてこられたもので、将に、多くの人達の温かいご指導・ご支援あってのことであって、今日、ただ〳〵感謝の気持ちで一杯である。

裕福な家庭に生まれたかと思えば、またたく間に貧乏生活を余儀なくされ、苦労を背負わなければならない人生であった。

幼き時の母との死別、中学卒業後、父の事業失敗による貧乏な夜学生時代、衣・食・住・学費、全て自分の力で生き抜いてきた。

弁護士となってからも脇見をせず、「在野法曹一筋」で、困っている人へ、いささかの手助けができれば、と思いつつ早や六十一年になった。とまれ「不撓不屈」の精神こそは私のこの八十八年を支えてきたバックボーンであったと言えよう。

たくましく美しく生きる　自叙伝　〈検印省略〉

2023年６月16日　初版発行
１刷　2023年６月16日

著　者　清《し》水《みず》　直《ただし》

発行者　星《ほし》野《の》広《ひろ》友《とも》

発行所　株式会社銀行研修社
東京都豊島区北大塚３丁目10番５号
電話　東京03(3949)４１０１（代表）
振替　00120-4-8604番
郵便番号　170-8460

印刷／神谷印刷株式会社
製本／株式会社中永製本所
落丁・乱丁はおとりかえいたします。ISBN978-4-7657-4692-2 C2033

★　定価はカバーに表示してあります。